Sophie Zavadil

Sissi auf Reisen

Sophie Zavadil

Sissi auf Reisen

STEIGER VERLAG

Die Autorin:
Sophie Zavadil ist nach Stationen bei deutschen Kultur- und Nachrichtenmagazinen seit 1996 als freie Schriftstellerin tätig. Die in Wien geborene Autorin beschäftigt sich seit längerem mit der schönen Kaiserin und ihrem bewegten Leben.

Die Deutsche Bibliothek - CIP Einheitsaufnahme

Zavadil, Sophie:
Sissi auf Reisen / Sophie Zavadil. - Augsburg : Steiger 1998
ISBN 3-89652-153-5

Gedruckt auf chlorfrei gebleichtem Papier.

Einbandvorderseite: Gemälde der Kaiserin Elisabeth von Franz Xaver Winterhalter, 1864; im Hintergrund der Burgpalast in Budapest.
Einbandrückseite: Faltkarte zur Vermählung Elisabeths (o.l.); die kaiserliche Familie vor Schloß Gödöllö (u.l.); Elisabeth-Gemälde von Franz Xaver Winterhalter, 1864 (Mitte); Castello di Miramare (o.r.); Elisabeth beim Ausritt (u.r.).

S. 1: Elisabeth im ungarischen Krönungsornat, Gemälde von Georg Raab, 1867.
S. 2/3: Schloß Possenhofen am Starnberger See.

Konzeption: Dr. Petra Altmann
Lektorat: Frank Heins
Umschlag- und Layoutentwurf: Petra Pawletko, Augsburg
Umschlaggestaltung, Layout und Satz: KA•BA factory, Augsburg
Reproduktion: Repro Mayr, Donauwörth
Druck und Bindung: Neue Stalling, Oldenburg

Printed in Germany

ISBN 3-89652-153-5

Inhalt

Melancholisches Mädchen: die sechzehnjährige Elisabeth

1837

Schloß Possenhofen am Starnberger See

1854

Wien

1860/61

Madeira

1862

Schloß Miramar bei Triest

1867

Schloß Gödöllö bei Budapest

Schloß

Blick auf die Roseninsel im Starnberger See

„Lebwohl, mein See! In deinen Schoss
Werf ich die Heimat heute
Und ziehe rast- und heimatlos
Aufs neue in die Weite!“

1874–78

England und Irland

1885

Korfu

1893

Algerien

1895

Cap Martin,
Côte d'Azur

1898

Genf

nsdorff
n

Die Lebensstationen der Kaiserin Elisabeth

„Der Abschied“ (kol. Lithographie, 1854):
Abfahrt des Dampfers „Franz Joseph“ in Linz am 22.4.1854

Von Bayern nach Österreich

„Oh Schwalbe, leih´ mir deine Flügel,
Oh nimm mich mit ins ferne Land,
Wie selig sprengt´ ich alle Zügel.
Wie wonnig jedes fesselnd´ Band ...“

Tagebucheintragung der Braut Elisabeth
kurz vor ihrer Abreise aus Bayern

Jubelrufe und Beifallsstürme begleiten die Sechzehnjährige, als sie in einem mit sechs Schimmeln bespannten Prunkwagen die Münchner Ludwigstraße entlang aus der Stadt kutschiert wird. In Straubing erwartet sie bereits ein festlich geschmücktes Dampfschiff, das sie donauabwärts nach Wien bringen wird ...

Es soll eine Traumreise werden, die die Herzogin in Bayern, Elisabeth Amalie Eugenie von Wittelsbach, an diesem 20. April 1854 antritt – eine Traumreise, um die sie Hunderttausende junger Frauen beneiden. „Sisi", wie sie ihre Eltern und Geschwister rufen, oder „Sissi", als die sie ein halbes Jahrhundert nach ihrem Tod in der heilen Welt des Kinos wiederaufersteht, weint jedoch bittere Tränen des Abschieds und der Unsicherheit. So sehr sie auf dieser Reise auch verwöhnt wird, so groß die Begeisterung auch ist, die man ihr allerorts entgegenbringt: Sisi hat vor dem Ziel dieser Reise Angst.

Kaiser Franz Joseph hingegen kann es an jenem 20. April kaum erwarten, seine Braut endlich in die Arme schließen zu dürfen. Für den begehrtesten Junggesellen seiner Zeit ist die Begegnung mit seiner Cousine Sisi neun Monate vorher Liebe auf den ersten Blick gewesen. Wen kümmert da das nahe Verwandtschaftsverhältnis! *„Nie werde ich es Ihnen, liebe Mama, genug danken können, mir so ein inniges Glück gegründet zu haben"*, schreibt Franz Joseph seiner Mutter, der Erzherzogin Sophie, von einem Besuch bei seiner Verlobten in München. *„Alle Tage liebe ich Sisi mehr und immer überzeuge ich mich mehr, daß keine für mich besser passen kann als sie."*

Tatsächlich sind es – wer sonst in dieser Zeit und Gesellschaftsschicht – die Mütter,

Abschied von der Heimat: die sechzehnjährige Elisabeth kurz vor ihrer Vermählung. Ihrem geliebten Schloß Possenhofen am Starnberger See muß sie für mehrere Jahre den Rücken kehren. (Lithographie 1853.)

Stürmische Ausfahrt: Kurz nach der Verlobung zeigt Franz Joseph seiner Braut Elisabeth die Umgebung von Ischl. Sein Generaladjutant und Vertrauter Carl Graf Grünne kutschiert das Brautpaar.

Mädchenhafte Braut (oben): In ihrer Rechten hält die verschüchterte Elisabeth eine Porträtminiatur Franz Josephs. (Gemälde 1853/54.)

die Franz Joseph und Sisi zusammenbringen. Sophie sucht eine Kaiserin für ihren „Franzl", ihre jüngere Schwester Herzogin Ludovika hat eine hübsche Tochter.

Ein Treffen ist rasch arrangiert: Am 16. August 1853 trifft man einander in Ischl. Solange Franz Joseph sich erinnern kann, hat die kaiserliche Familie ihre Sommerfrische in dem malerisch gelegenen Kurort verbracht. In diesem Jahr soll er dort also nicht nur seinen Geburtstag (am 18. August), sondern auch gleich seine Verlobung feiern.

Nach der anstrengenden Anreise aus München putzt Ludovika ihre älteste Tochter Helene heraus, so gut sie kann. Ihr Anblick soll den Kaiser fesseln, immerhin soll „Nene" Kaiserin von Österreich werden. Um die drei Jahre jüngere Sisi, die nur zufällig, quasi als Vertretung ihres Vaters Max, nach Ischl mitgekommen ist, kann Ludovika sich im Vorbereitungstrubel zur Brautschau nicht kümmern.

Beim anschließenden Tee geschieht, womit die herzöglichen Mütter nicht gerechnet haben. Franz Joseph nimmt Helene kaum wahr. Beim Anblick Sisis fängt er jedoch Feuer. *„Er sagte mir mit strahlender Miene, daß er Sisi reizend fände"*, gibt Sophie das Mutter-Sohn-Gespräch vom darauffolgenden Morgen später wieder. Nicht einmal zur Jagd – und die ist sein Steckenpferd – will Franz Joseph an diesem Tag gehen, um in Sisis Nähe zu bleiben. *„Nein, wie süß Sisi ist, sie ist frisch wie eine aufspringende Mandel und welch herrliche Haarkrone umrahmt ihr Gesicht!"*, schwärmt der Kaiser. *„Was für liebe sanfte Augen und Lippen wie Erdbeeren."* An seinem Geburtstag läßt er in aller Form um Sisis Hand bitten. Das völlig überrumpelte Mädchen willigt weinend ein. Was sonst. Dem Kaiser, hat die Mutter ihr zu verstehen gegeben, gibt man keinen Korb.

Romantische Verlobungstage (unten): Der junge Kaiser in Lederhosen und Trachtenhut rudert sein fesches „Dirndl" über den Starnberger See nach Possenhofen. Ein Zitherspieler läßt Alpenweisen erklingen.

„Rose aus Bayerland,
Lieblich und traut,
Nun grüßt Dich ganz Österreich
Als hehre Braut!“

klingt es Sisi entgegen, als das Donaudampfschiff am 21. April 1854 in Passau einläuft. Eine kaiserliche Abordnung begrüßt die Braut und geleitet sie nach Linz, wo sie eine große Überraschung erwartet. Kaum hat das Schiff in der oberösterreichischen Hauptstadt angelegt, springt – außerhalb des Protokolls – der Kaiser an Bord, nimmt Sisi in die Arme und herzt sie so stürmisch und unbefangen, daß die Schaulustigen ihr Vorurteil begraben müssen: Franz Joseph ist doch nicht der steife, emotionslose Kerl, für den sie ihn bisher gehalten haben. Am nächsten Morgen verläßt der Kaiser die Stadt noch im Dunkeln – er eilt seiner Braut voraus, um sie in Nußdorf bei Wien in noch offiziellerem Rahmen – und mindestens so herzlich wie in Linz – willkommen zu heißen.

Es folgen märchenhafte Tage; doch jedes Märchen hat bekanntlich grausame, gnadenlose Momente ...

Glanzvolle Umzüge und Galaempfänge zu ihren Ehren, Jubelstürme des Volkes, wo immer sie sich zeigt, ein Bräutigam, der ihr jeden Wunsch von den Augen abzulesen versucht – Sisi müßte sich eigentlich im siebten Himmel fühlen. Doch hinter den Kulissen regiert das strenge Protokoll. Das empfindsame Mädchen, das in Bayern zwar das Leben einer Prinzessin, doch einer freien, ungezwungenen Prinzessin zu führen gewohnt war, muß sich kaiserlich zu benehmen lernen; und weder darf eine Kaiserin die Hand reichen, wem sie will, noch darf sie sich selbstständig an- und auskleiden. Und selbstverständlich darf sie das Paar Schuhe, das sie gerade trägt, am nächsten Tag nicht wieder anziehen. Eine Kaiserin trägt keinen Schuh zweimal.

Tausenderlei Ratschläge, Anweisungen, Korrekturen, Schelte regnen auf das Mädchen ein – von der strengen Obersthofmei-

Willkommen in Wien: Tausende Schaulustige winken Elisabeth zu, als der Raddampfer „Franz Joseph“ am 22. April 1854 in Nußdorf bei Wien anlegt, Franz Joseph aufgeregt an Bord springt und seine Braut in die Arme schließt. Für den Empfang wurden eigens ein Triumphbogen und eine Tribüne errichtet.

***Die Jungvermählten:** Anläßlich der Hochzeit wurden zahlreiche Erinnerungsporträts von Elisabeth und Franz Joseph komponiert. Gemeinsam Porträt gesessen, geschweige denn gemeinsam für einen Photographen posiert, haben die beiden vermutlich nie.*

***Offizieller Sommersitz:** In Schloß Schönbrunn übersommert die kaiserliche Familie, wenn sie nicht gerade – wie so oft – anderswo auf Reisen ist: denn weder Franz Joseph noch Sisi lieben das Schloß besonders. Im Vordergrund ist der Neptunbrunnen zu sehen. Im Hintergrund die Gloriette, von der aus ein wundervoller Blick über Wien zu genießen ist.*

sterin Gräfin Sophie Esterházy, von der ebenso strengen Schwiegermutter Sophie. Sisi ist der Situation nicht gewachsen. *„Ich hab den Kaiser so lieb! Wenn er nur kein Kaiser wäre!"*, hat sie geseufzt, kurz nachdem sie Franz Joseph kennenlernte. Ein Schneider wäre ihr allemal lieber – nun meint sie diese Worte ernster denn je.

Das Verständnis für Sisi hält sich in Grenzen. Immerhin, meinen selbst ihre nächsten Verwandten, widerfährt ihr das seltene Glück, daß der Kaiser sie nicht nur aus freiem Willen heiratet, sondern daß er sie zudem von Herzen liebt und anbetet.

Ihre Mutter Ludovika, jüngste Tochter von König Max I. von Bayern, wird schon als Kind ihrem Vetter zweiten Grades, dem gleichalten Max aus dem weit weniger vornehmen Wittelsbacherzweig der „Herzöge in Bayern" verkuppelt. Eine Vernunftehe – Ludovika und Max leben vom ersten Tag aneinander vorbei. Sie konzentriert all ihre Aufmerksamkeit und Liebe auf ihre acht Kinder, er hat noch genug für seine zahlreichen Mätressen und unehelichen Sprößlinge übrig.

Ähnlich unbefriedigend ist die Ehe zwischen Franz Josephs Eltern. Erzherzogin Sophie wird beim Wiener Kongreß – gleichsam zur Sicherung des politischen Gleichgewichts – Erzherzog Franz Carl versprochen. Was bleibt der Verzweifelten anderes übrig, als den zwar gutmütigen, aber willensschwachen und ohne sie lebensunfähigen Mann „wie ein Kind" zu pflegen! Immerhin entstammen der Verbindung aber vier Söhne – damit ist auch ihr Zweck mehr als erfüllt. Und als der älteste, Franz Joseph, gar noch Kaiser wird, versöhnt sich die resolute Sophie mit ihrem Schicksal.

Am 24. April 1854 wird Elisabeth den ganzen Tag auf die Trauungszeremonie

Festzug über den Wienfluß in die Hauptstadt: Die erste Nacht nach ihrer Ankunft verbringt die kaiserliche Braut im Schloß Schönbrunn. Am nächsten Tag wird sie im vergoldeten Galawagen, der schon Napoleon zu seiner Krönungsfahrt diente, über die erst an diesem Tag feierlich eröffnete und nach ihr benannte Elisabethbrücke zum – noch unverbauten – Karlsplatz geleitet. Auf der Brücke heißt sie namens der Stadt der Wiener Bürgermeister Seiller willkommen.

vorbereitet, in Seide gekleidet, aufwendig frisiert, mit Diamanten geschmückt; die Schwiegermutter schenkt ihr das kostbare Diadem, das sie an ihrem eigenen Hochzeitstag getragen hat. Abends um sieben geben sich Franz Joseph und seine Sisi in der Augustinerkirche das Jawort – ganz Wien ist auf den Beinen, die Stadt ist Bühne und Ballsaal zugleich.
„Auf dem Podium und bei den Zuschauern", beobachtet der Politiker Baron Karl Kübeck, *„Jubel und hoffnungsvolle Freude"*; *„hinter der Szene"* sieht er jedoch *„trübe, sehr trübe Zeichen"* aufsteigen.

Und diese Zeichen bekommt Sisi schon bald zu spüren. Der Wiener Adel zielt mit scharfgespitzten Pfeilen der Feindseligkeit auf die junge Kaiserin. Sie sei nicht elegant genug gekleidet, könne nicht tanzen, ihre Sprache lasse zu wünschen übrig, und das Protokoll beherrsche sie auch nicht. Überhaupt stamme sie aus einer *„Bettelwirtschaft"*, in der es laut und ungehobelt zugegangen sei. Sie habe keine Manieren, und ihre Tischsitten seien im wahrsten Sinn des Wortes auf den Hund gekommen: *„... die Herzogin, die ihren Hunden lebt, stets welche auf dem Schoß neben sich oder unterm Arm hat und auf den Tellern Flöhe knaxt! Die Teller werden aber gleich gewechselt!"*, macht sich eine garstige Wiener Hofdame nach einem Besuch in Possenhofen über die angeblichen Gewohnheiten Ludovikas lustig.

„Sie möchten mich zu einer Circe machen; ich wünschte mir, ich wäre es. Dann würde ich auch viele Leute verwandeln, wie die Freunde des Odysseus. Aber die Selbstsucht ist stärker als jede Zauberei [...]", kommentiert Sisi die Situation am Wiener Hof viele Jahre später. Noch aber sieht sie keinen Weg, mit den Anfeindungen umzugehen. Die unehrliche Künstlichkeit am Hof befremdet sie. *„Jeder Gruß hat seinen Zweck"*, beschreibt sie es als reife Frau, *„jedes Lächeln will bezahlt werden. Wenn man das nicht für selbstverständlich hielte, würde man sich auch alle Auslagen sparen."* Noch aber regieren die Versa-

„Du Rose hold, vom Garten Wittelsbach ...": Zur Vermählung von Kaiser Franz Joseph und Elisabeth werden zahlreiche Billets aufgelegt und unters Volk gebracht. Die hier abgebildete Faltkarte, die Elisabeth einmal als Knospe, einmal als aufgeblühte Rose symbolisiert, ist eine der schönsten.

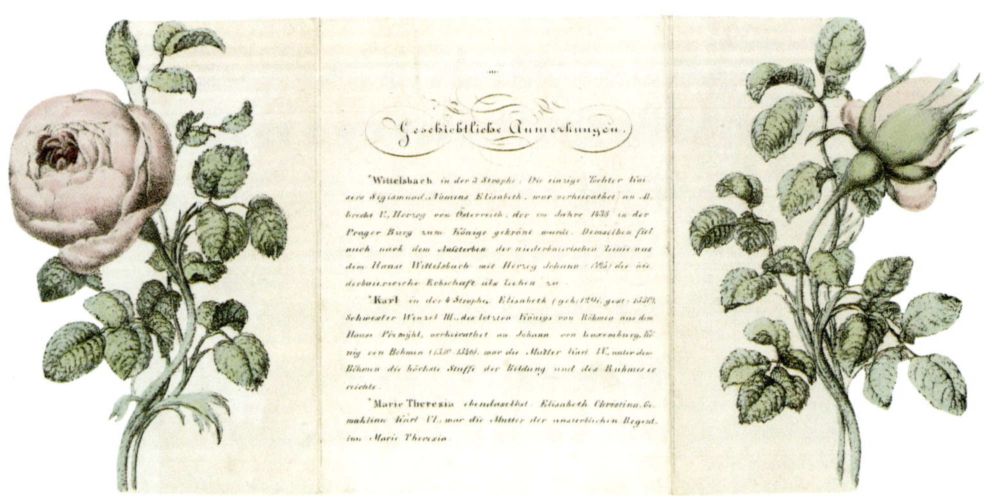

Glanzvolle Trauung am 24. April 1854: In der Wiener Augustinerkirche geben Franz Joseph und Elisabeth – die Braut, wie es die Tradition verlangt, unverschleiert – einander das Jawort. Die Ansprache des Fürsterzbischofs Rauscher, der ein Lehrer des Kaisers war, erschüttert Elisabeth: Er spielt auf Frauen an, die ihren Mann des Reichtums wegen heiraten. Solche Frauen würden nicht lieben. Warum sagt es so etwas? Sisi wäre ohnehin lieber, der Kaiser wäre ein Schneider.

gensängste. Sisi zieht sich zurück, ist still und nervös, sie wirkt depressiv, ißt kaum oder nichts, läßt allerlei zweifellos psychosomatische Krankheitssymptome erkennen.

Ihre einzige Stütze in Wien, Franz Joseph, den sie verehrt und an den sie sich liebevoll klammern möchte, läßt sie häufig allein. Nicht etwa aus Ignoranz – der Kaiser vergöttert seine Sisi nach wie vor –, sondern aus Pflichtbewußtsein. Denn bei aller Verliebtheit – die Regierungsgeschäfte gehen vor. Franz Joseph hat gelernt, zu dienen und zu gehorchen.

Er gehorcht vor allem seiner Mutter Sophie, die in diesen ersten Ehetagen und -jahren Elisabeths schärfste Konkurrentin um Franz Josephs Aufmerksamkeit ist – und die Elisabeth zu ihrem Feindbild stilisiert. Ein Feindbild, das sie schließlich für ihre frühe Enttäuschung – Franz Joseph flüchtet vor dem Zwist zwischen den beiden Frauen vorübergehend in die Arme einer anderen – und das Sterben ihrer Liebe zu ihm hauptverantwortlich macht. Das, was Naschtenka (aus Dostojewskis Erzählung „Weiße Nächte“) passiert ist, resümiert Sisi als reife Frau, sei typisch für alle Mädchen. Eine jede vergreife sich wenigstens einmal im Leben, ohne daß sie wisse, wann sie es tut. Auch bei Naschtenka wisse man nicht, ob sie sich an dem vergriffen, den sie genommen, oder an jenem, den sie gelassen. Es sei eine Sache des Schicksals. *„Die Frauen“*, so Sisi, *„leben ganz besonders unter dem Stern des Schicksals.“*

Die große Cour: Der Hochzeit folgen zahlreiche pompöse Gratulationsempfänge, Hofbälle, Audienzen. Elisabeth übersteht den Rummel um ihre Person nur mit allergrößter Mühe. Vor allem leidet sie unter den Anfeindungen der Hofdamen. Die Kaiserin sei eine schlechte Partie, habe kein Geld, wäre zu dünn, zu groß, unmajestätisch verlegen und könne kein Wort Französisch, ja nicht einmal tanzen, ätzen die spitzzungigen Aristokratinnen.

Der offizielle Hauptwohnsitz des Kaiserpaares: Die Wiener Hofburg ist zwar das neue Zuhause Elisabeths, sie bekommt auch ein eigenes Appartement mit eigenem Haushalt und eigenem Hofstaat zugeteilt, doch von Anfang an fühlt sie sich dort wie in einem Kerker. Hier regiert die Schwiegermutter Sophie, hier engen sie unentwegt bürokratische Zwänge ein, hier begegnet man ihr mit Missgunst und Verleumdungen. Die Kaiserin wird sich daher von der Hofburg und den Menschen, die dort den Ton angeben, im Leben so gut sie kann fernhalten.

Schloß Laxenburg

„Ich bin erwacht in einem Kerker,
Und Fesseln sind an meiner Hand,
Und meine Sehnsucht immer stärker –
Und Freiheit! Du mir abgewandt!"

dichtet Elisabeth vierzehn Tage nach ihrer Hochzeit. Wenige Tage später tauscht sie diesen Kerker, die Wiener Hofburg, mit einem neuen. *„Um ein Viertel auf 6 Uhr sind Ihre k.k. Majestäten mittelst Separatzuges nach Laxenburg gefahren"*, protokollieren die Hofschreiber am 11. Mai 1854, *„woselbst bereits vorher alle Dispositionen für den somit eröffneten allerhöchsten Land-Aufenthalt getroffen waren."* Statt sich nach der Vermählung und den anschließenden, überaus anstrengenden Audienzen, Empfängen und Hofbällen auf einer Hochzeitsreise in Zweisamkeit zu vergnügen, wie sie sich frischvermählte Ehefrauen erträumen, verbringen Sisi und Franz Joseph ihre Flitterwochen im kaiserlichen Schloß Laxenburg. Seit 1306 sind Schloß und Schloßpark im Besitz der Habsburger. Das junge Paar bezieht den Blauen Hof, der – 1760 erbaut – zwischen Januar und April 1854 adaptiert und mit neuen Böden und dem Zeitgeschmack entsprechenden Tapeten und Möbeln ausgestattet worden ist, um der jungen Kaiserin zu gefallen.

Schlechte Erinnerungen: Im Blauen Hof in Laxenburg verbringt die junge Kaiserin ihre Flitterwochen. Noch viele Jahre später spricht sie von dem Schloß wie von einem Gefängnis.

Daß gerade in Laxenburg geflittert wird, scheint wohlgeplant. Das Schloß liegt so nahe bei Wien, daß Franz Joseph jeden Morgen in sein Büro in der Hofburg fahren kann; denn so verliebt er auch ist, darf er seine Regierungsgeschäfte doch nicht vernachlässigen; die politische Lage in Europa ist überaus kritisch.

Sisi verbringt den ganzen Tag allein, versucht die Zeit bis zu seiner Rückkehr am Abend mit Spaziergängen und -fahrten in und rund um Laxenburg totzuschlagen – und verstößt in ihrer unschuldigen Ahnungslosigkeit immer wieder gegen die strengen höfischen Reglements. Eine Kaiserin geht nicht einfach spazieren. Sie reitet auch nur dann, wenn es ins Protokoll paßt. Sie hat ihr Leben nach „der Etikette", den minutiös durchgeplanten zeremoniellen Vorschriften, zu richten. Darüber wacht in Laxenburg nicht nur Sisis „Wachhund", Obersthofmeisterin Esterházy, die jeden vermeintlichen Ausrutscher der kaiserlichen Schülerin korrigiert, sondern auch ihre Schwiegermutter Sophie, die täglich aus Wien kommt, um nach dem Rechten zu sehen. Ihr höfisch-korrektes Auftreten stößt die freiheitsliebende Sisi ab. Und natürlich kann sie nicht akzeptieren, daß es die Schwiegermutter eigentlich gut mit ihr meint. *Sie „kam jeden Tag, um jede Stunde zu spionieren, was ich tue"*, erzählte Sisi viele Jahre später ihrer Hofdame Marie Festetics. *„Ich war ganz à la merci dieser bösartigen Frau. Alles war schlecht, was ich tat. Sie urteilte abfällig über jeden, den ich liebte. Alles hat sie herausbekommen, weil sie ständig gespitzelt hat."* Und das ist erst der Anfang zu allen künftigen persönlichen, familiären und gesellschaftlichen Problemen ...

Alleingelassen, einsam und trotzig trauert Sisi in Laxenburg nicht nur den glücklicheren Jugendtagen nach, sondern auch ihrer ersten Liebe, dem 1853 verstorbenen Richard Graf von F.:

„Nur einmal konnt ich wahrhaft lieben
Es war das erstemal.
Nichts konnte meine Wonne trüben
Bis Gott mein Glück mir stahl."

Jahre später wird sie ihre traurigen Erinnerungen an Laxenburg sogar mit ihren halbwüchsigen Kindern teilen. *„Mama zeigte uns den Schreibtisch"*, hält Tochter Valerie in ihrem Tagebuch fest, *„wo sie viel nach Possi [Possenhofen] schrieb und viel viel weinte, weil sie Heimweh hatte."* Ihrer Hofdame Marie Festetics gegenüber wird Sisi noch deutlicher: *„Allein der Gedanke an diese Zeit preßt mein Herz zusammen."*

Trotzdem kommt das Kaiserpaar in den ersten Ehejahren regelmäßig nach Laxenburg. 1856 bringt Sisi dort ihre zweite Tochter Gisela zur Welt, zwei Jahre später den Kronprinzen Rudolf.

Als es Franz Joseph während des Italienfeldzugs im Jahr 1859 an die Front zieht, bleibt Elisabeth in Laxenburg und läßt in einem der Hofgebäude des Schlosses – endlich kann auch sie sich nützlich machen! – ein Soldatenlazarett einrichten. Im Jahr darauf dann der letzte längere Laxenburgaufenthalt: Nach einem dramatischen Zerwürfnis mit Franz Joseph flieht Elisabeth Hals über Kopf nach Possenhofen. Im Spätherbst desselben Jahres reist sie zur Kur nach Madeira ...

Problematische Beziehung: In den ersten Ehejahren ist Schwiegermutter Sophie Elisabeths schärfste Konkurrentin um die Aufmerksamkeit des Kaisers.

Felsenküste auf Madeira

Kurze Romanze: Madeira

„Überhaupt möchte ich immer weiter, jedes Schiff, das ich wegfahren sehe, gibt mir die größte Lust, darauf zu sein, ob es nach Brasilien, nach Afrika oder ans Kap geht, es ist mir einerlei, nur nicht so lang an einem Fleck sitzen."

Kaiserin Elisabeth aus Madeira an Carl Graf Grünne

Kurze Romanze: Madeira

„Gestern war Tante Marie bei der Kaiserin: sie nahm ein großes Sacktuch mit, weil sie glaubte, viel zu weinen; indessen war die Kaiserin ganz lustig, sie freut sich unendlich, nach Madeira zu gehen …“, weiß Franz Josephs Cousine Erzherzogin Therese ihrem Vater am 11. November 1860 zu berichten.

An den Tagen vor Elisabeths Abreise wollen die Gerüchte um die Kaiserin wieder einmal nicht verstummen. Zwar klingt ihr Husten besorgniserregend, zwar sind ihre „Bleichsucht“ – oder Blutarmut – und ihre körperliche Erschöpfung für jedermann deutlich sichtbar, doch daß sie todkrank sei, an lebensgefährlicher Lungenschwindsucht leiden soll, das glaubt ihr am Hof niemand so recht. Statt dessen Vorwürfe: Wie sie Mann und Kinder nur so lang – ein halbes Jahr wird es schließlich sein – allein lassen könne! Warum sie so weit wegfahre? Und warum gerade nach Madeira? Die Insel sei zwar für ihr mildes Klima, doch nun wirklich nicht als Kurort für Lungenkranke bekannt. *„Die Kaiserin“*, bemerkt ätzend Erzherzogin Therese, *„beschäftigt sich sehr viel mit ihrer Sommertoilette von Madeira.“*

Doch diesmal läßt Sisi sich vom Hoftratsch nicht beirren: Am 17. November bricht die 23jährige – begleitet von einem 27köpfigen Gefolge ihrer Wahl – in Rich-

Leidende Elisabeth: „Moralisch ist […] die Kaiserin schrecklich gedrückt, beinahe melancholisch, wie es in ihrer Lage wohl nicht anders möglich ist“, berichtet Graf Louis Rechberg, einer ihrer Begleiter und Beobachter, am 12. Februar 1862 über Elisabeth – hier im Krinolinenkleid bei einem Spaziergang auf Madeira – nach Wien. Elisabeths Gesicht hat der Künstler von einer Photographie Ludwig Angerers übernommen. (Heliographie von Adolf Dauthage, 1861.)

tung Madeira auf. Das Reiseziel hat sie vermutlich selbst gewählt, nachdem Lieblingsschwager Max ihr von der Blumeninsel im Atlantik vorgeschwärmt hatte. Tatsächlich spielt der Ort ohnehin eine untergeordnete Rolle. Nur weg will sie, weg von Wien, weg vom Hof, von der dominanten Schwiegermutter, von den schlangenzüngigen Hofdamen. Und weg von Franz Joseph, dessen angebliche Liebesaffären die gefühlsbetonte Sisi völlig aus dem Gleichgewicht gebracht haben. Spricht es auch für Elisabeth als Mensch, daß sie sich mit der Rolle der hintergangenen Ehefrau nicht einfach abfindet, so bricht sie damit doch ein ungeschriebenes Gesetz des Hochadels: Die Ehe, das haben Frauen ihres Gesellschaftskreises zu akzeptieren, ist eine Vernunftgemeinschaft, dem Herrn des Hauses stehen – freilich in aller Diskretion genossene – amouröse Abenteuer zu. Sisi kann das nicht gelten lassen. Sie flüchtet in exzessive Fastenkuren, kräfteraubende Reit- und Turnmarathons – und schließlich aus Wien.

Ende November 1860 landet die Kaiserin auf Madeira. So begeistert sie von der prächtigen Villa „Quinta Vigia", in der sie Quartier bezieht, auch ist – schon bald bestimmen Langeweile und Heimweh ihren Tagesablauf. *„Wenn ich gewußt hätte, wie es hier ist, hätte ich mir für so lange Zeit schon lieber einen anderen Ort gewählt, denn wenn auch die Luft nichts zu wünschen übrig läßt, so gehört doch mehr dazu, um angenehm zu leben"*, vertraut Sisi Carl Graf Grünne an, den sie zu diesem Zeitpunkt noch als ihren Vertrauten bezeichnet. Wenig später wird sie ihm die Freundschaft kündigen, angeblich, weil er den Kaiser zu seinen außerehelichen Vergnügungen angestiftet hat. Und darüber hinaus auch sie dazu animierte, sich Liebesaffären zu gönnen.

Viel hat die Kaiserin auf der immergrünen Insel nicht zu tun: Sie unternimmt ausgedehnte Spaziergänge und reitet regelmäßig aus, zur Schonung ihrer Gesundheit allerdings nur im Schrittempo. Sie spielt täglich Karten mit ihren Hofdamen – *„Von 8–9 schwarzer Peter, von 9–10 ‚halber zwölf'."* –, lernt die Macheta, die traditionelle madeirische Gitarre, zu zupfen und läßt sich von ihrem „Ehrenkavalier" unterhalten

Einsame Quinta Vigia: In vollkommener Abgeschiedenheit außerhalb Funchals liegt die einstöckige Villa mit Meeresblick, die Elisabeth und ihr Gefolge auf Madeira bewohnen. Vor ihr ist schon Sisis Lieblingsschwager Erzherzog Maximilian, der spätere Kaiser von Mexiko, auf dem Landsitz mit prachtvollem Park abgestiegen.

Bild des Anstoßes: „Die Kaiserin sitzt und spielt Mandoline [richtig: Macheta], Helene Taxis ist vor ihr am Boden gekauert mit dem Pintsch im Arm. Mathilde Windischgrätz steht mit dem Tubus in der Hand; im Hintergrund steht Lily Hunyady, sie blickt alle sinnend an", stellt Franz Josephs Cousine Therese belustigt fest. Das Photo wandert am Wiener Hof von Hand zu Hand, Elisabeth wird ob ihres mangelnden Pflichtbewußtseins heftig kritisiert.

(der jedoch – die Spione des Hofes lauern überall – abberufen wird, als sein Hofieren angeblich zu weit geht). Einmal gibt Sisi sogar ein Galadiner mit anschließender Tanzparty für eine Gruppe russischer Offiziere, deren Schiff vor Madeira ankert.

Häufig jedoch zieht es die Kaiserin vor, allein zu sein, verschwindet sie für Stunden in ihr Zimmer, liest – Rousseaus „Emile", Heine, Dante, Shakespeare, Byron, Schopenhauer, Sand –, korrespondiert mit ihren Verwandten oder schaut einfach nur auf das Meer. Ihre einzige Gesellschaft sind dann – wie schon in ihrer Kindheit – ihre Hunde: *„Ich habe mir jetzt von England einen ganz großen Hund bestellt, um mehr Gesellschaft zu haben und der mich überall begleiten soll"*, so Elisabeth an Graf Grünne.

Langeweile hin oder her, der Zweck der Reise ist erfüllt – in mehrerlei Hinsicht: Sisi lebt nicht nur *„vernünftig und zweckmäßig"*, ernährt sich regelmäßig und wird ihren Husten los. Sie entwickelt auch eine neue Beziehung zu sich selbst. Als verunsichertes Persönchen hat sie Wien verlassen. Als stolze Persönlichkeit, die sich ihrer außergewöhnlichen Schönheit bewußt

Anmutige Kaiserin: Elisabeth im dunklen Taftkleid, die Taille eng geschnürt, steht vor dem Klavier in der Villa Quinta Vigia und wendet sich einer ihrer Hofdamen zu. Ihr Haar trägt die Kaiserin als geschmackvoll über den Kopf gelegten Flechtkranz.

geworden ist, kehrt sie zurück. Ihre Freiheit und die Durchsetzung ihres Willens – das mag man als unangebrachte Rebellion deuten, als schamlosen Egoismus oder aber als selbstrettende Unabhängigkeitserklärung – gehen ihr von nun an vor der Erfüllung ihrer gesellschaftlichen und politischen Verpflichtungen als Kaiserin.

Spätestens nach ihrer Heimkehr im Juni 1861 besteht kein Zweifel mehr: Sisis Gesundheitsprobleme sind psychosomatischer Natur, ihre depressiven Verstimmungen ortsgebunden. Sobald sie wieder am Wiener Hof leben muß, kehren auch die alten Symptome zurück. Ihre Lungenschwindsucht bricht abermals aus, diesmal mit solcher Vehemenz, daß sich selbst Sisis schärfste Kritiker um ihr Leben sorgen. *„Traurige Trennung von unserer armen Sisi, vielleicht fürs Leben"*, notiert Sophie in ihr Tagebuch, als die Schwiegertochter nach nur wenigen Tagen in Wien zu einem neuerlichen Kuraufenthalt, diesmal nach Korfu, aufbricht. *„Ich hatte Hoffnungen gefaßt"*, sorgt sich auch die sonst so kritische Erzherzogin Therese, *„aber jetzt glaube ich nicht einmal, daß sie diesen Winter überlebt."*

Und wie Sisi überlebt! Mit jedem Kilometer, den sie sich vom Hof entfernt, geht es ihr besser. Der Appetit kommt zurück und damit auch die Lebenskraft. Und so wird es auch all die folgenden Jahre bleiben, in denen Sisi die Welt bereist, um den – wie sie es empfindet – Gefängnismauern der Hofburg zu entweichen.

Nach Madeira kommt sie erst dreiunddreißig Jahre später noch einmal, als sie sich Ende Dezember 1893 auf dem Rückweg von Algerien nach Triest befindet und im neueröffneten „Reids" in Funchal, bis heute ein elegantes Luxushotel, absteigt. Aus den geplanten zehn Tagen werden zwei Monate, dann zieht es sie wieder weiter. *„Ich könnte es nie"*, hatte sie sich schon 1861 von der Insel und ihren Bewohnern verabschiedet, *„lange an ein und demselben Ort aushalten."*

Elisabeth als Photomodell: Im Herbst 1860 läßt die Kaiserin – zu voller Schönheit erblüht und sich dieser Tatsache durchaus bewußt – im Wiener Atelier Ludwig Angerer erstmals eine Porträtserie von sich anfertigen. Zu einem Lächeln, gar einem Lachen, läßt sie sich während der ganzen Sitzung nicht bewegen. Sie hält ihre wenig vorteilhaften Zähne versteckt.

„Die Krankheit, die sich halb
als Schein ergeben,
In unsrer Völker Sorge
war sie wahr;
Drum bringen sie, als wärs
ein neues Leben,
Dir kindisch ihre Angebinde dar.“

Franz Grillparzer anläßlich Sisis
Empfang in Triest

Castello di Miramare

Sechs Monate hat Sisi ohne Franz Joseph verbracht, bevor sie ihn am 18. Mai 1861 in einem der äußersten Winkel der Monarchie wiedertrifft. Der Kaiser ist seiner Gemahlin auf einem Dampfer nach Triest entgegengereist, um sie persönlich zurück nach Wien zu geleiten. Ein paar wenige Tage sind die Eheleute die Gäste von Franz Josephs Bruder Erzherzog Maximilian und dessen Frau Charlotte in Miramare, mehr Burg als Schloß, etwa acht Kilometer nordwestlich der Hafenstadt auf einen spektakulär ins Meer vorspringenden Fels gebaut.

Der kurze Aufenthalt bei ihrem Lieblingsschwager, dem späteren Kaiser von Mexiko, soll Sisi den Übergang in die verhaßte Enge des Wiener Hofes leichter machen. Doch dieser Aufenthalt verläuft nicht spannungsfrei. Sisi zeigt ihrer Schwägerin Charlotte, die sie partout nicht leiden kann, wie schon in Wien, so nun auch in deren eigenem Haus wieder die kalte Schulter. Zum Eklat kommt es, als Sisis großer Irischer Wolfshund Charlottes kläffendes Schoßhündchen totbeißt.

Unabhängig davon scheint Sisi sich in dem Castello aus weißem istrischen Kalkstein recht wohl zu fühlen. *„Maxens schönstes Gedicht“*, nennt sie das Anwesen im Stil des romantischen Historismus viele Jahre später, *„das so recht zeigt, welch eine poetische, von einem Schönheitstraum, aber leider auch von Sehnsucht nach Macht und Ruhm erfüllte Seele die seine war ...“* Jedenfalls ist Miramare so günstig gelegen, daß sie später, wann immer sie eine Schiffsreise antritt oder beendet, dort eine Zwischenstation einplant. Gemeinsam mit Franz Joseph kommt sie jedoch nur zwei weitere Male wieder: zur 500-Jahr-Feier von Triest im September 1882 und zu Weihnachten 1889.

Arbeiten wie ein Kapitän (rechts): Das Arbeitszimmer Erzherzog Maximilians auf Schloß Miramare (links) ist der Offiziersmesse der Fregatte „Novara“ nachempfunden. Unter Maximilians Schirmherrschaft umsegelte die „Novara“ zwischen 1857 und 1859 die Welt.

Blick auf San Giorgio Maggiore

Ein Winter
in
Venedig

Ein Winter in Venedig

Die Sehnsucht nach ihren Kindern läßt Sisi einen Kompromiß suchen. Fast ein Jahr hat die Kaiserin, mit Ausnahme von wenigen Tagen, im Ausland verbracht. Auch nun, im Oktober 1861, denkt sie nicht daran, nach Wien zurückzukehren – zu groß ist ihre Angst, zu schmerzhaft die Erinnerung. Daß Franz Joseph ihr untreu gewesen ist, kann oder will sie nicht vergessen, so sehr er sich auch um sie bemüht, so oft er die Gemahlin auch anfleht, doch wieder mehr Zeit mit ihm zu verbringen.

Offiziell ist es freilich der bevorstehende kalte Winter, der Sisis Gesundheit schadet und sie von einer Rückkehr nach Wien abhält. Als Franz Joseph seiner Frau zusagt, ihr die Kinder zu schicken, ist sie aber immerhin bereit, ihm auf österreichischem Gebiet entgegenzukommen. *„Ich habe Sisi so wohl gefunden, daß ich mich entschlossen habe, sie für den Winter nach Venedig gehen zu lassen"*, schreibt Franz Joseph seiner Mutter.

Sisi kennt Venedig. Auf einer gemeinsamen, mehrmonatigen Repräsentationsreise durch Italien im Winter 1856 hat das Kaiserpaar mehrere Wochen in der Lagunenstadt verbracht. So schlecht die Venezianer des „Risorgimentos" auch auf das österreichische Kaiserhaus zu sprechen sind, der Faszination ihrer Kaiserin können sie sich nicht entziehen. Elisabeths Schönheit, kann Franz Joseph in diesen politisch so heiklen Tagen nach Hause melden, habe Italien besser erobert, als *„es meine Soldaten und Kanonen hätten tun können"*.

Artig erfüllt Sisi auf jener Reise die ihr schon damals zuwideren Repräsentations-

Zeitloses Venedig (oben): „Unter den Palästen bleibt der Dogenpalast der denkwürdigste ...", berichtet die Leipziger „Illustrirte Zeitung" am 17. Januar anläßlich der Venedigreise des Kaiserpaars. Elisabeth verliebt sich bereits bei dieser ersten Begegnung in die Lagunenstadt.

Vor Anker zwischen San Giorgio Maggiore und der Hauptinsel (links): „Der prächtige Dampfer Elisabeth, welcher das österreichische Kaiserpaar von Triest nach Venedig [...] trug, ist ein Schraubendampfer von 400 Pferdekraft und 1100 Tonnen Tragfähigkeit ...", so die „Illustrirte Zeitung" am 17. Januar 1857. Schiffe sind Elisabeths favorisiertes Reisemittel.

pflichten. *„Wenn ich unter den Leuten mich bewege, so gebrauche ich dazu nur jenen Theil von mir, der mir mit ihnen gemeinsam ist ...“*, wird sie Jahre später sagen. *„Ich verliere nichts dadurch. Es ist wie ein altes Kleid, das man von Zeit zu Zeit aus dem Schrank herausnimmt und auf einen Tag anzieht.“*

Abseits ihrer Pflichten entdeckt Sisi jedoch die Reize dieser einmaligen Stadt: ihre engen Gassen und Kanäle, ihre Kirchen, Paläste und Museen. So eingenommen die Venezianer von ihr sind, so sehr läßt Sisi sich von dem morbiden Zauber Venedigs einnehmen.

Ende Oktober 1861 trifft Sisi also neuerlich in der Lagunenstadt ein. Dort ist sie näher an Wien und wenigstens innerhalb der

***Kühler Empfang:** Als das – noch glücklich verheiratete – Kaiserpaar im November 1856 gemeinsam nach Venedig reist, demonstriert die Bevölkerung Ablehnung. Der Schönheit der Kaiserin können jedoch selbst die österreichfeindlichsten Italiener nicht widerstehen. „Das einzige Gefühl des Volkes war nur die Neugierde, die Kaiserin zu sehen“, beobachtet der englische Konsul, „deren Ruf, wunderbar schön zu sein, natürlich auch bis hierher gedrungen ist.“*

„Wenn ich an deine Brust mich lehnte,
Wie tief und innig war der Blick,
In dem mein Paradies ich wähnte,
Wie warm schlug dir mein Herz zurück –
Wie weltvergessend wir uns küssten,
Als ob wir Seelen tauschen müssten ...
Ich brauch die Zeit Dir nicht zu nennen,
Die uns so innig einst vereint,
Und die wir nie vergessen können,
So endlos fern sie jetzt auch scheint ...“

Elisabeth als Fünfzigjährige über ihre ersten – noch glücklichen – Ehejahre

***Auszug aus der Markuskirche (rechts):** Um die Sympathie der Italiener zu gewinnen, zeigt sich Franz Joseph in Venedig von seiner großzügigen und geselligen Seite. Er begnadigt nicht nur zig Verurteilte, wohnt einer Wettfahrt im großen Kanal und einer Tombola am Markusplatz bei, sondern bewilligt auch 20.000 Gulden zur Erhaltung der Markuskirche.*

Monarchiegrenzen, freut sich der Kaiser, und er könne seine Frau endlich öfter besuchen. Tatsächlich schafft er es in den sieben Monaten, die Sisi in der Stadt bleibt, zweimal zu kommen. *„Wie glücklich ich über die Möglichkeit bin, Sisi näher zu haben, können sie sich wohl denken, liebe Mama.“*

Die „Mama“ will von dem neuen Arrangement freilich nichts wissen: *„Noch ein Opfer für unseren armen Märtyrer, ihren vortrefflichen Vater!“*, beklagt Sophie. Venedig sei kein Aufenthaltsort für Kinder, außerdem sei ihnen das dortige Trinkwasser nicht zuzumuten.

Doch nun sind für Franz Joseph die Wünsche seiner Frau endlich wichtiger als die seiner Mutter. Sisi punktet gleich mehrfach gegen Sophie. Der erste Sieg: Am 3. November treffen die kaiserlichen Kinder Gisela und Rudolf (siehe Seite 50) tatsächlich in Venedig ein. Sisi kümmert sich – bei gemeinsamen Gondelfahrten und Spaziergängen etwa – liebevoll um die beiden. Und selbst an frischem Quellwasser fehlt es

ihnen nicht; Franz Joseph läßt es täglich aus Wien nach Venedig transportieren. Sisis zweiter Sieg: Sie setzt sich endlich gegen die verhaßte Obersthofmeisterin Sophie Esterházy, eine geborene Fürstin Lichtenstein, durch, die seit fast acht Jahren mit Argusaugen über sie wacht. Nach heftigen Meinungsverschiedenheiten, was zum Wohl, was zum Schaden der Kinder sei, entläßt Sisi das Hoffaktotum, selbstverständlich eine enge Vertraute der Erzherzogin Sophie.

Sogar Ludovika zeigt sich bestürzt über soviel Eigenmächtigkeit ihrer Tochter: *„Es ist recht sehr zu bedauern, daß Sisi diesen Schritt gethan hat und überhaupt so durchgreifend ist, ohne alle Rücksicht, ohne zu bedenken, daß es ihr schaden kann und einen üblen Eindruck machen wird."*

Um Eindrücke, die sie hinterläßt, kümmert sich Sisi von nun an allerdings herzlich wenig. Das beweist sie auch mit der Wahl ihrer neuen Obersthofmeisterin, Paula Bellegarde, die von Ranges wegen nach geltenden Hofregeln keineswegs für diese Position geeignet ist. *„Die hießige Gesellschaft ist sehr betroffen"*, bemerkt auch der preußische Botschafter in Wien, da die Dame *„dem Rang nach nicht berechtigt zu Amt berufen worden"* sei. Eine Obersthofmeisterin hat Vortritt vor allen anderen Damen am Hof. Nun muß sich also der Hochadel vor einer einfachen Gräfin verbeugen.

Derartige Auseinandersetzungen belasten Elisabeth. Weit mehr aber leidet sie unter ihrem labilen Gesundheits- und ihrem noch labileren Gemütszustand. *„ [...] ich finde sie oft traurig ...deprimirt"*, beobachtet Ludovika, die ihrer Tochter nach Venedig nachgereist ist. Das feuchtklamme Winterwetter

Ponte di Rialto (links): Inkognito-Spaziergänge durch Venedig kann die Kaiserin auf ihrer zweiten Venedigreise wegen ihrer Wassersucht nur selten genießen.
Neues Selbstbewußtsein (gegenüber): Nach ihrer Rückkehr nach Wien zeigt Elisabeth sich wieder in der Wiener Öffentlichkeit. Ihre „Steckbrieffrisuren", die ihr ihre Friseuse zaubert, trägt sie stolz erhobenen Hauptes.

in der Stadt am Meer ist nicht eben geschaffen, Sisi aufzuheitern. Ihr aus München angereister Hausarzt konzentriert sich freilich auf Sisis äußerlich sichtbare Leiden und diagnostiziert eine *„totale Bluth-armuth, infolgedessen sich wieder Anlagen zur Wassersucht zeigen"*.

Tatsächlich sind ihre Beine zeitweise so angeschwollen, daß sie keinen Schritt tun kann – und das wiederum treibt sie in eine noch tiefere Melancholie. Und in die Langeweile. Sisi schlägt die Zeit mit Lesen und Kartenspielen tot. Zum Italienischlernen ist sie nicht zu bewegen, offenbar steht sie mit dieser Sprache auf Kriegsfuß. *„Ich habe auch italienisch lernen müssen, aber ich konnte mich nicht damit befreunden. Die ganze Mühe wäre auch umsonst gewesen"*, sagt sie später; 1866 tritt Österreich – nach der Lombardei mit Mailand – auch noch Venezien an Italien ab.

Statt dessen zeigt Sisi Interesse an dem jungen Medium Photographie: ein Interesse, das sich schnell zu einer starken Sammelleidenschaft auswächst. Mehr als 2500 Carte-de-Visite-Photos aus den angesehensten Ateliers der Zeit trägt sie in den folgenden vier Jahren zusammen. Erst sammelt sie Abbilder von Mitgliedern ihrer Verwandtschaft – und sie hat viele Verwandte in ganz Europa. Dann erweitert sie – höchst ungewöhnlich für eine kaiserliche Hoheit – ihre Sammlung um bürgerliche Berühmtheiten ihrer Zeit, große Schauspieler, Schriftsteller und Wissenschaftler, aber auch Akrobaten, Jongleure und Gaukler aus der Welt des Zirkus.

Schließlich kristallisiert sich heraus, worauf es Sisi vor allem ankommt: Je hübscher die abgebildete Person, um so interessanter ist sie für die Kaiserin. Von niemandem besitzt sie so viele Photographien wie von ihrer jüngeren Schwester Marie, der Exkönigin von Neapel, deren Schönheit Sisi neidlos bewundert. In ihrer „Schönheitengalerie" versammelt sie über hundert Beauties, Stars und Starlets aus ganz Europa, die sie sich von Diplomaten in verschiedenen Hauptstädten zuschicken läßt. *„Ich lege mir nämlich ein Schönheiten-Album an und sammle nun Photographien, nur weibliche dazu"*, bindet Sisi auch ihren Schwager Ludwig Viktor in die Recherche ein. *„Was Du für hübsche Gesichter auftreiben kannst beim Angerer und anderen Photographen, bitte ich Dich mir zu schicken."*

Ganz oder gar nicht – mit dieser Einstellung sammelt die begeisterungsfähige Kaiserin Photographien. Ganz oder gar nicht – das ist in jeder Hinsicht Sisis Lebensmotto.

Vereint mit Rudolf und Gisela: In Venedig sieht Elisabeth ihre Kinder nach einjähriger Trennung wieder. Zum Vergnügen der Kleinen fährt die Kaiserin mit ihnen Gondel – natürlich in Begleitung der Erzieherin der Kinder, Aja Charlotte Freifrau von Welden.

„Die Schönste ihrer Zeit“

Sisi habe *„keinen einzigen hübschen Zug“*, beklagt ihre Mutter das Los der damals etwa Vierzehnjährigen. Als Kind ist die künftige Kaiserin tatsächlich ein eher hausbackenes Geschöpf. Und auch als Franz Joseph sich in sie verliebt, ist sie zwar von „lieblich unschuldiger Anmut“, ein zartes, fragiles Mädchen mit rosigem Teint, von der vielbestaunten Schönheit reiferer Jahre ist aber noch kaum etwas zu erahnen.

Bereits als Mittzwanzigerin hält Sisi mit ihrem fabelhaften Aussehen jedoch die ganze Welt in Atem. *„Die Kaiserin ist [...] ein Wunder an Schönheit – hoch und schlank, wunderschön geformt, mit einer Fülle von hellbraunem Haar, einer niederen griechischen Stirn, sanften Augen, sehr rothen Lippen mit süßem Lächeln, einer leisen, wohlklingenden Stimme, und theils schüchternem, theils sehr graziösem Benehmen“*, stellt 1864 der amerikanische Gesandte in Wien fest. Wenn die Kaiserin mit ihrem leichtfüßigen Gang, den sie ihr Vater Max gelehrt hat, gleichsam heranschwebt, zieht sie alle Blicke auf sich. *„Nur ein Beispiel sollten wir uns vor Augen halten: Die Schmetterlinge“*, so Sisi, deren Grazie die Männerwelt auch in den späten achtziger Jahren noch zu blumigen Schwärmereien hinreißt. *„Ihre Gestalt, allzu fließend, um nur schlank genannt zu werden, seufzt wie eine Cypresse zum Himmel, flutet wie die Wellen, wenn sie ruhen und athmen“*, beschreibt ihr Vorleser und Verehrer Constantin Christomanos die deutlich über Fünfzigjährige.

Ihre märchenhafte Schönheit gibt Elisabeth Macht – etwa gegenüber Franz Joseph, der seine „Engels-Sisi“ bis an ihr Lebensende anbetet. Und sie gibt ihr Narrenfreiheit – ihres Aussehens wegen kann sie sich so manchen exzentrischen Ausrutscher leisten, den man ihr sonst nicht so leicht nachgesehen hätte.

Die Kaiserin scheint zweierlei Maßstäbe zu setzen, wenn es um Äußerlichkeiten geht: Einerseits wendet sie sich voll Verachtung von der oberflächlichen Gesellschaft ab, die auf eben jene Äußerlichkeiten fixiert sei. Andererseits kümmert sie sich wie eine Besessene um ihre eigene äußerliche Inszenierung. Mehr noch: Sisi macht sich zur Sklavin ihres Äußeren. *„Sie betete ihre Schönheit an wie ein Heide seine Götzen und lag vor ihr auf den Knien“*, ätzt Sisis Nichte Marie Gräfin Larisch in ihren Lebenserinnerungen. Sisis ganzes Leben habe sich darum gedreht, ihre Schönheit – die perfekte Figur, den rosigen Teint, das prachtvolle Haar – zu pflegen und zu konservieren: Nächtliche Masken aus rohem Kalbfleisch oder Erdbeeren sollen ihr Gesicht, Bäder in heißem Olivenöl ihren Körper straffen.

Elisabeth, wie sie Franz Joseph am liebsten sieht: Das Porträt der Kaiserin mit verschlungenem Haar von Franz Xaver Winterhalter läßt sich der Kaiser über seinen Schreibtisch hängen, an dem sich der pflichtbewußte Mann die längste Zeit des Tages aufhält. So kann er immer wieder einen Blick darauf werfen. Über Elisabeths Schönheit, von der ihr Mann so hingerissen war, geriet im Dezember 1862 auch Kronprinzessin Viktoria von Großbritannien ins Schwärmen: „Ihre zwar nicht ganz regelmäßige Schönheit ist unübertrefflich. Ich habe nie etwas so blendendes oder pikantes gesehen. Die Gesichtszüge sind nicht so schön, als sie auf den meisten Bildern dargestellt sind, aber der Gesamteindruck ist viel liebreizender, als irgendein Gemälde auch nur im entferntesten wiederzugeben vermag ...“

Tägliche Turnstunde für die Schönheit: Blick von Elisabeths Großem Salon in ihr Toilettezimmer, das ihr zugleich als Turnzimmer dient. „An der offenen Thüre zwischen dem Salon und ihrem Boudoir waren Seile, Turn- und Hängeapparate angebracht. Ich traf sie gerade, wie sie sich an den Handringen erhob“, berichtet der griechische Vorleser Constantin Christomanos über die bereits 54jährige Kaiserin. „Sie trug ein schwarzes Seidenkleid mit langer Schleppe und von herrlichen schwarzen Straußenfedern umsäumt. Ich hatte sie noch nie so pompös gesehen. Auf den Stricken hängend, machte sie einen phantastischen Eindruck, wie ein Wesen zwischen Schlange und Vogel.“

Schminke lehnt Sisi jedoch ihr Leben lang ab.

Schon früh entwickelt die Kaiserin eine regelrechte Gewichtsphobie. Zweimal täglich steigt sie auf die Waage. Ein Gramm mehr – ein Fasttag. Jeden Morgen läßt sie zudem Waden-, Schenkel- und Taillenumfang vermessen und ihre Werte in ein eigens dafür geführtes Buch notieren. Zeitlebens mißt ihre Taille nie mehr als kaum zu glaubende 50 Zentimeter. Trotzdem läßt sie ihr Mieder so fest schnüren, daß sie häufig sogar in Atemnot gerät. *„Sie schlief oft mit feuchten Tüchern oberhalb der Hüften, um ihre Schlankheit zu bewahren“*, weiß Marie Larisch, *„und trank aus demselben Grunde eine gräßliche Mixtur von fünf oder sechs Weißeiern mit Salz.“*

Zudem kämpft Sisi mit täglichen Turnübungen um ihre schlanke Linie. *„Mein Vater war ein großer Jäger vor dem Herrn“*, begründet sie später ihre Beweglichkeit, *„und er wollte, daß wir wie die Gemsen springen lernen.“* Neben ihren Gewaltmärschen ins Gebirge und ihrer Leidenschaft fürs Reiten hält sie sich vor allem ans Fechten und Geräteturnen. Sie besteht auf einem eigenen Turnzimmer an jedem ihrer Wohnsitze. Daß ihr das den Ruf einer Spinnerin einbringt, tangiert sie nicht.

Der Kult um ihr Haar – in ihrer Kindheit fast blond, später deutlich dunkler und fast fersenlang – kostet

Sisi täglich zwei bis drei Stunden, auch wenn sie keinerlei Repräsentationspflichten wahrnimmt. Einmal wöchentlich wird die Pracht gewaschen – darüber vergeht ein ganzer Tag. *„Ich bin die Sklavin meiner Haare. Vielleicht werde ich mich doch noch einmal befreien"*, sagt sie immer wieder. Reine Koketterie.

Das Frisieren und Zurechtstecken ist eine Zeremonie, der zu Sisis Unterhaltung eine Hofdame, ein Lehrer oder ein Vorleser beiwohnen müssen. Constantin Christomanos sieht dem Ritual in den neunziger Jahren häufig zu: *„Dann brachte sie* [Sisis Friseuse Fanny Angerer] *auf einer silbernen Schüssel die todten Haare der Herrin zum Anblick und die Blicke der Herrin und jene der Dienerin kreuzten sich eine Secunde – leisen Vorwurf bei der Herrin enthaltend, Schuld und Reue der Dienerin kündend ..."* Sisi konnte über jedes ausgefallene Haar in hysterische Wutanfälle ausbrechen. *„Dann wurde der weiße Mantel aus Spitzen von den fallenden Schultern gehoben und die schwarze Kaiserin entstieg gleich einer göttlichen Statue der bergenden Hülle. Die Herrscherin neigte den Kopf – die Dienerin versank in den Boden, leise fluesternd: ‚Zu Füßen Eurer Majestät ich mich lege' – und so ward die heilige Handlung vollendet."*

Wunsch

„An meinen Haaren möcht´
ich sterben,
Des Lebens ganze, volle Kraft,
Des Blutes reinstem,
besten Saft
Den Flechten möcht´ ich
dies vererben.

O ginge doch mein Dasein über,
In lockig seidnes Wellengold,
Das immer reicher, tiefer rollt,
Bis ich entkräftet schlaf hinüber!"

Elisabeth, Winterlieder, Ischl,
3. Oktober 1887

Die Krönung ihrer Schönheit: Auf nichts ist Elisabeth so stolz wie auf ihre Haarfluten, die sie wie ein Seidenmantel umgeben, wenn sie sie löst. „Haare sah ich wie Wellen, den Boden erreichend und sich auf ihn niederlegend und weiterhin fließend: vom Haupt, dessen zarte anmuthige Form und reine vollendete Linie sie ungetrübt offenbarten [...]", schwärmte Constantin Christomanos, „flossen sie herab über den weißen Mantel von Spitzen, der ihre Schultern bedeckte, ohne je zu verfließen ...". Dieses aquarellierte Porträt Elisabeths wurde nach ihrem Tod gemalt.

Königliche Familienidylle im Schloßpark von Gödöllö: Franz Joseph in der ungarischen Champagneuniform eines Feldmarschalls, auf Elisabeths Schoß die kleine Marie Valerie, Gisela mit Puppe und Rudolf im Reitdress.

Wahlheimat Ungarn

Wahlheimat Ungarn

Liebe ist die Kraft zum Ausgleich. Sisis Liebe zu Ungarn wird bereits 1853, noch in Bayern, geweckt. Um sich für den Wiener Hof und ihre Majestätenrolle zu rüsten, muß sie in den Monaten zwischen Verlobung und Hochzeit zurück auf die – freilich private – Schulbank. Dreimal wöchentlich wird sie in österreichischer Geschichte unterrichtet. Ihr Lehrer ist der in Historikerkreisen umstrittene Ungar Johann Mailáth. Die künftige Königin von Ungarn mag ihn, denn die Geschichten, die er ihr erzählt, sind bunt und poesievoll. Daß er ihr die Geschichte Österreichs aus der Sicht der Ungarn nahebringt und bewußt um Verständnis für sein Land und seine Verfassung wirbt, fällt Sisi wohl nicht unmittelbar auf – als ihr Verlobter diese Verfassung 1849 aufgehoben hat, war sie gerade elf Jahre alt. Doch sie hört Mailáth mit jugendlicher Wißbegierde zu ...

Strahlend schöne „Erzébet Királnyé" (links): 1867 werden Österreich und Ungarn zur „Doppelmonarchie" zusammengeführt und Franz Joseph und Elisabeth zum Königspaar von Ungarn gekrönt. Für das Photo in der ungarischen Krönungsrobe posierte Elisabeth vermutlich bereits 1866, ein Jahr vor der Krönung.

Königliche Burg zu Buda (oben), wie sie ein Wiener-Werkstätte-Künstler sah: Nach mehreren Großbränden und der Belagerung durch ungarische Freiheitskämpfer 1849 wird die Burg nach der feierlichen Krönung 1867 wieder instand gesetzt. 1908 öffnet in jenem Flügel, den Elisabeth bewohnte, das „Königin-Elisabeth-Gedächtnismuseum" seine Pforten.

... einer Wißbegierde, die sich auf Madeira noch verstärkt. Der fesche Graf Imre Hunyady, Bruder ihrer Hofdame Lily und ihr „Ehrenkavalier" auf der Insel, betreibt nicht nur Konversation mit ihr, sondern weiht sie auch in die Grundregeln der ungarischen Sprache ein – solange, bis er von der Insel kommandiert wird. Hunyady, dringt es zum Kaiser durch, habe der Kaiserin Avancen gemacht.

Auch Sisi hat Feuer gefangen – nicht an Hunyady allerdings, sondern am Ungarischen. Zurück in Wien besteht sie auf regelmäßigen Ungarischstunden, obwohl niemand in der Familie ihr zutraut, die schwierige Sprache zu erlernen. *„Sisi macht unglaubliche Fortschritte im Ungarischen"*, hat Franz Joseph seiner Mutter jedoch schon acht Monate später zu berichten. Was seine Frau sich in den Kopf setzt, das setzt sie auch durch.

Wichtiger als ihr Ungarischlehrer ist für Sisis grandiose Fortschritte bald schon Ida Ferenczy. 1864 holt Sisi die vier Jahre jüngere Ungarin an ihre Seite – ein Mädchen vom Land, nach geltenden Hofregeln alles andere als hofwürdig. 34 Jahre wird Ida

ihre engste Vertraute bleiben und auch ihre intimsten Geheimnisse kennen.

Über welche Kanäle die beiden jungen Damen miteinander bekannt werden, ist nicht nachvollziehbar. Idas Kontakte zu den Wortführern der ungarischen Liberalen wie Gyula Andrássy und Ferenc Deák sind jedoch belegt und lassen keinen Zweifel daran, daß die Ungarin nicht zufällig an den Wiener Hof gekommen, sondern geschickt eingeschmuggelt worden ist. Und sie erfüllt ihre Aufgabe gut: Schon nach wenigen Wochen hat Ida ihre Herrin *„für die ungarische Sache“* – das ist die Notwendigkeit eines Ausgleichs zwischen Österreich und Ungarn und die Anerkennung der ungarischen Verfassung, die nach der Revolution 1848 aufgehoben wurde – eingenommen.

Elisabeths Reich: Auf Schloß Gödöllö – hier eine Ansicht vom Hof – lebt die Kaiserin ohne höfischen Zwang. Eingeladen wird nur, wen sie wirklich mag: die besten Reiter der Monarchie, die ihr als Frau und selbst exzellenter Reiterin zu Füßen liegen, oder ihre Nichte, Baronin Marie Wallersee, die Tochter der Schauspielerin Henriette Mendel und somit eine Provokation der höfischen Gesellschaft.

> ***„Hier lebt man so ruhig ohne Verwandte und Seccaturen […]! Auch bin ich hier ungeniert wie am Lande, kann allein gehen, fahren …“***
>
> Elisabeth an ihre Mutter Ludovika aus Gödöllö

Sisi, der bis dahin politisches Desinteresse nachgesagt worden ist, entpuppt sich nun, wenn schon nicht als Drahtzieherin, so doch als hochmotivierte Vermittlerin. Über Monate bearbeitet sie Franz Joseph – auf dem Papier seit seiner Inthronisierung zum Kaiser von Österreich auch König von Ungarn –, sich endlich auch offiziell zum König krönen lassen. Und damit die alte ungarische Verfassung anzuerkennen.

So undenkbar dieser Schritt für den absolutistisch herrschenden Kaiser erst auch scheint, so sehr ihn Sisis Drängen auch nervt, so negativ seine Mutter Sophie und mit ihr der gesamte Wiener Hof einer Besserstellung von Ungarn auch gegenüberstehen – angesichts der drohenden Auseinandersetzungen mit Preußen wird dieser Schritt doch notwendig. Wenigstens das Vertrauen der Ungarn muß Österreich wiedergewinnen. Das vermittelt Ida der Kaiserin. Das vermittelt die Kaiserin dem Kaiser.

Tatsächlich reist Franz Joseph im Juni 1865 erstmals nach Budapest und macht den Ungarn einige Zugeständnisse. Ende Januar des Folgejahres nimmt er die Kaiserin schließlich auf eine mehrwöchige Ungarnreise mit – und ist entzückt von ihrem persönlichen Einsatz. *„Sisi ist mir von großer Hilfe durch ihre Höflichkeit, ihren maßhaltenden Takt und ihre gute ungarische Sprache, in welcher die Leute aus schönem Munde manche Ermahnung lieber anhören“*, so Franz Joseph am 17. Februar 1866 an seine Mutter in Wien. Daß Sisi und Gyula Andrássy, einer der treibenden Kräfte hinter dem Ausgleich und künftiger Ministerpräsident des Landes, zwischenzeitlich ein sehr vertrautes Verhältnis entwickelt haben, nimmt Franz Joseph mit kaiserlicher Würde hin. Daß dieses Ver-

hältnis – immerhin bezeichnen alle, die Sisi kennen, Andrássy als die große, wenn auch bis zuletzt platonische Liebe ihres Lebens – der Motor ist, der die Kaiserin zu ihrem Einsatz für jene „ungarische Sache" antreibt, auch. Daß seine Frau mehr Zeit in Budapest als in Wien verbringt, macht ihn jedoch unglücklich: *„Jetzt hätte ich halt eine schöne Bitt"*, fleht er sie im Juli 1866 an: *„Wenn Du mich besuchen könntest! Das würde mich unendlich glücklich machen."* Die wenigen Tage, die Elisabeth daraufhin nach Wien kommt, stehen natürlich ganz im Zeichen der Ungarnfrage.

Im Juni 1867 schließlich erfüllt sich Sisis Wunsch: Franz Joseph wird mit allem Pomp, den die Monarchie aufzubieten hat, zum König von Ungarn gekrönt. Die nun fast dreißigjährige Sisi ist in ihrem reichbestickten weißen Krönungskleid aus Seidenbrokat eine bildschöne Königin. Dank ihr, meinen die Ungarn, ist der Doppelstaat „Österreich-Ungarn" geschaffen.

Sie bedanken sich bei ihrer „Erzébet Királnyé" (Königin Elisabeth) mit dem Schloß Gödöllö (siehe Seite 47), Sisi bedankt sich bei Franz Joseph mit einem Kind. Nachdem sie sich jahrelang gegen eine weitere Schwangerschaft gestellt hat, bringt sie zehn Monate nach der Krönungszeremonie Marie Valerie zur Welt – natürlich in Budapest.

Treueschwur der Magyaren: Der Freund und Vertraute Elisabeths, Gyula Graf Andrássy (Bildmitte), ist nicht nur Verhandlungsführer der ungarischen Nation um den „österreichisch-ungarischen Ausgleich", er wird auch ihr erster Ministerpräsident. Am 15. März 1867 leistet Andrássy mit seinem wiederhergestellten Ministerium in Ofen dem Kaiser Franz Joseph I. den Treueid – erst damit ist der Ausgleich endgültig besiegelt.

„Kedvesem" – „Liebling" – wird sie ihr „ungarisches Kind" künftig nennen.

Acht Jahre ihres Lebens wird Elisabeth insgesamt im Königreich Ungarn verbringen. Während sie aus Österreich zunehmend Kritik zu hören bekommt, lieben die Ungarn ihre „Patrona Hungariae" über alles. *„So fest ich daran glaube, daß noch nie ein Land eine Königin hatte, die dies mehr verdient"*, bemerkt der Schriftsteller und frischbestellte ungarische Kultusminister Josef Eötvös, *„so sehr weiß ich, daß es noch niemals eine gab, die so geliebt wurde."* Kein Wunder: Von der österreichischen Öffentlichkeit hält Sisi sich fern, so gut sie kann, ihre Liebe zu Ungarn und den Ungarn zeigt sie hingegen offen. Die Kaiserin sei der *„reizendste Gast der Wiener Hofburg"*, ätzt 1870 das „Neue Wiener Tagblatt" über Sisis ausgedehnte Ungarnaufenthalte und ihre häufige Abwesenheit vom Hof. Sisis Hofdame Gräfin Marie Festetics macht später den Hof selbst für Sisis lebenslanges Fluchtverhalten verantwortlich: *„Alles wegen des unglücklichen Ausgleichs mit Ungarn? es ist geschehen – ja! es ist ihr Werk – aber ist denn das Verbrechen so groß, dem Kaiser ein Land, die 1/2 Monarchie in Treue wieder zu geben?"*

Auch als es Sisi nicht mehr so häufig nach Ungarn zieht – nach Andrássys Tod selten länger als zwei Wochen pro Jahr –, wird sie dem Land niemals untreu. Für ihr geliebtes Ungarn bricht Sisi in ihren letzten Lebensjahren sogar ihren Vorsatz, keinerlei Repräsentationspflichten mehr zu übernehmen. Bei der 1000-Jahr-Feier des Landes 1896 tritt sie doch noch einmal ins Rampenlicht. Ihr Gesicht versteckt sie freilich hinter ihrem Fächer – *„ein schwarzes weibliches*

Tausend Jahre Ungarn: Zur Milleniumsfeier 1896 tritt Elisabeth nach langer Abstinenz wieder in die Öffentlichkeit – ihr Gesicht hält sie freilich auch bei dieser Gelegenheit hinter dichten Schleiern versteckt. Einem flinken Photographen gelingt ein Schnappschuß des Kaiserpaares im Wagen auf der Fahrt zur Milleniumsausstellung. Ein Künstler nimmt diese Photographie zwei Jahre nach Sisis Tod als Vorlage für ein Gemälde (oben), zieht der Kaiserin den Schleier vom Kopf und malt ihr ein altersloses Gesicht.
Eine Verjüngungskur erfährt Elisabeth auch auf der Heliogravure anläßlich der Huldigung des Königspaars im Großen Saal der Burg (unten). Ein Anwesender beobachtet: „Nur eine Minute, und neben dem König saß wieder die in Trauer gehüllte Königin, die Mater dolorosa, bleich, still, gefühllos wie eine Statue, die an ein süßes Gesicht erinnert."

Haupt, ein neues, ein unbekanntes tieftrauriges Antlitz, dessen Lächeln bloß wie ein blasser Reflex wirkte", kommentiert besorgt die ungarische Zeitung „Magyar Hirlap" den Auftritt. *„Dieses Antlitz sondert sich sozusagen vollkommen ab."*

Auch an ihrem Todestag legt Sisi noch einmal Zeugnis von ihrer Verbundenheit zu Ungarn ab, wenn auch in spielerischer Weise. „Erzébet Királnyé" steht im Ungarischen für Königin Elisabeth. Für Sisi hatte es eine wichtige Zweitbedeutung: Auf ihren Inkognito-Reisen außerhalb Österreich-Ungarns unterschreibt sie manchmal mit diesen Worten – und freut sich wie ein Kind, daß sie unerkannt bleibt. *„... das versteht er ohnehin nicht"*, sagt sie an jenem 10. September 1898 über den Musikalienhändler in der Genfer Rue Bonivard, bei dem sie einen Musikapparat und zig Platten für ihre Tochter Valerie ersteht, *„und bis es ihm jemand erklärt hat, bin ich ohnehin schon über alle Berge."*

Das Traumschloß der Kaiserin: In Gödöllö nimmt Elisabeth auf niemanden Rücksicht – außer auf ihren eigenen Lebensrhythmus. Auch der Kaiser hat seine liebe Not mit der eigenwilligen Gemahlin. „In Gödöllö bekam der Kaiser seine Gattin, selbst wenn sie unter einem Dache wohnten, nur selten zu Gesicht", berichtet Eugen Ketterl, der Kammerdiener des Kaisers. „Wollte Franz Joseph sie morgens besuchen und ging er ohne Anmeldung zu ihr hinüber, erklärten die diensthabenden Geister Ihrer Majestät, die Kaiserin schlafe noch! Manchmal war die hohe Frau schon in den Bergen, von wo sie erst abends mit ihrer unglücklichen Hofdame zurückkehrte und, jetzt todmüde, den Kaiser erst recht nicht empfing. So kam es vor, daß der Kaiser oft zehn Tage lang umsonst zu ihr hinüberging. Wie peinlich das vor dem Personal war, kann sich jeder denken; mir tat der hohe Herr oft in der Seele leid."

Schloß Gödöllö

Es ist Liebe auf den ersten Blick. Als Elisabeth das Jagdschloß Gödöllö – etwas außerhalb von Budapest gelegen und in Weiden und Wälder eingebettet – zum ersten Mal sieht, möchte sie das weitläufige Gebäude mit seinen kuppelförmigen Türmen am liebsten gleich beziehen. *„Schau es Dir aber nicht so an, als wenn wir es kaufen wollten, denn ich habe jetzt kein Geld“*, muß Franz Joseph seiner Frau im August 1866 jedoch mitteilen, *„und wir müssen in diesen harten Zeiten ungeheuer sparen.“*

Ein Jahr später wird Sisis Wunsch doch noch erfüllt. Im Namen der ungarischen Nation überträgt Graf Gyula Andrássy ihr und Franz Joseph das Einhundert-Zimmer-Schloß samt 10 000 Hektar Waldgebiet – als Krönungsgeschenk. Gleich darauf wird es umgebaut: Amts- und Wohnräume für das Personal des reisenden Hofs, ein Wagenhof, neue Küchen und eine eigene Zuckerbäckerei kommen dazu. Die Privaträume des Königspaars im ersten Stock des Haupttraktes werden neu gestaltet, fast bürgerliche schlichte Möbel gekauft, Franz Josephs Räume in Kaminrot tapeziert, Sisis im von ihr geschätzten Veilchenblau.

Der frischgekrönte König von Ungarn kommt immer wieder gern nach Gödöllö, um zu jagen. Ihre Majestät fühlt sich hingegen so wohl, daß sie – zum Leidwesen ihres Manns – das Schloß zu ihrem Lebensmittelpunkt macht. Hier will sie *„daheim“* sein: zum einen, weil sie hofft, fern des Wiener Hofs doch noch ein Familienleben in ihrem Sinn durchsetzen zu können, zum anderen wegen des Reitens. *„Wie gerne würde ich mein ganzes Leben auf dieser ungarischen Tiefebene verbringen – und nichts anderes tun, als mich um diese herrlichen Geschöpfe zu kümmern“*, schreibt sie einer Freundin über ihre geliebten Pferde, auf denen sie stundenlang ausreitet und später auch an Parforcejagden teilnimmt.

> ***„Auch in Gödöllö gibt es einen Baum, der mein bester Freund in dieser Welt ist. […] Jedesmal, wenn ich hinkomme, und bevor ich abreise, gehe ich zu ihm, und wir blicken uns einige Minuten schweigend an. Er ist der Vertraute meines Lebens. Er weiß alles, was in mir ist und was in der Zwischenzeit geschieht, solange wir uns entfernt sind. Er wird es auch niemand sagen.“***
>
> Elisabeth zu Constantin Christomanos

In Gödöllö gelten Elisabeths Regeln, hier umgibt sie sich mit den Menschen, die sie mag. Und das sind vor allem jene jungen, wohlhabenden Aristokraten, denen „Verpflichtung“ ein Fremdwort ist und die ihre Leidenschaft für Pferde teilen: ihr Jagdleiter Graf Nikolaus „Nicky“ Esterházy etwa, den sie nicht nur als Sportler, sondern auch als Mann schätzt, der „schöne Prinz“ Rudolf Liechtenstein, der – wahrscheinlich wegen Elisabeth – zeitlebens Junggeselle bleibt, oder Graf Elemér Batthyány, Sohn des 1849 hingerichteten ungarischen Ministerpräsidenten. Und natürlich Gyula Andrássy, dem Elisabeth bis zu seinem Tod 1890 eng verbunden bleibt.

Daneben holt sie sich aber auch solche „Seelenfreunde“ nach Gödöllö, über die der Wiener Hof die Nase rümpft: die keineswegs standesgemäße, aber von Sisi über die Maßen bewunderte Kunstreiterin Elisa Renz aus der berühmten Zirkusdynastie etwa. Und weil Sisi keine halben Sachen macht, läßt sie auch gleich eine große Manege errichten und sich das Dressurreiten auf geschickten Zirkuspferden bis zur Perfektion beibringen.

In den achtziger und neunziger Jahren zieht es Elisabeth nur noch für kürzere Stippvisiten nach Gödöllö. Ihre Hoffnungen auf ein intaktes Familienleben hat sie schon lange vorher aufgegeben, schließlich muß sie sich auch vom Reitsport verabschieden. Nach ihrem Tod erbt Lieblingstochter Marie Valerie das Schloß.

Königliche Stallungen auf Schloß Gödöllö: Reiten ist in Ungarn Elisabeths wichtigste Beschäftigung. Ihre Pferde sind ihr die liebste Gesellschaft.

Montiertes Familienglück: Mit Bildern wie diesem – das Kaiserpaar mit Kindern Gisela und Rudolf, Franz Josephs Eltern und Brüdern – soll in der Öffentlichkeit der Eindruck erweckt werden, die Kaiserfamilie führe ein geordnetes Familienleben. Den Tatsachen entspricht das freilich nicht.

Ungleiche Behandlung: Während Elisabeths Verhältnis zu ihrer älteren Tochter, Erzherzogin Gisela (rechts im Bild), zeitlebens unterkühlt bleibt, ist die in Ungarn geborene Marie Valerie das ein und alles der Kaiserin.

Die kaiserlichen Kinder

Eine Kaiserin hat Kinder zu gebären – vor allem Söhne. *Ihre* Kinder sind das deshalb noch lange nicht.

Schon als Schwangere steht Sisi im Dienst der Sache: *„Kaum war sie da, schleppte sie mich auch schon hinunter in den Garten"*, beklagt sich die Kaiserin über ihre Schwiegermutter, *„und* [sie] *erklärte, es sei meine Pflicht, meinen Bauch zu produzieren, damit das Volk sehe, daß ich tatsächlich schwanger bin. Es war schrecklich. Dagegen war es mir eine Wohltat, allein zu sein und weinen zu können."*

Erzherzogin Sophie hat nach mehreren Fehlgeburten vier Söhne zur Welt gebracht, Elisabeth hingegen gelingt am 5. März 1855 „nur" ein Mädchen – selbstverständlich wird es auf den Namen Sophie getauft. Die Familie freut sich und zeigt sich nachsichtig – Elisabeth ist erst siebzehn und kann noch viele Kinder bekommen. Als nächstes freilich muß ein Thronfolger her.

Als ein Jahr später, im Juli 1856, ein weiteres Mädchen geboren wird, diesmal eine Gisela, ist es mit der Nachsicht vorbei. Elisabeth sei mit ihrer „unsinnigen" Lebensweise, ihren ständigen Hungerkuren, dem vielen Sport schuld daran, weiß die Schwiegermutter, daß die Hoffung auf den Thronfolger wieder nicht erfüllt worden ist – *„Elisabeth – einen Knaben? Unmöglich!“* Eine höhnische Bemerkung aus Sophies Mund.

Elisabeth ist dem Druck nicht gewachsen. Sie fürchtet sogar ernsthaft, von ihrem Mann verstoßen zu werden, gerade so wie Josephine Beauharnais von Napoleon. *„Glaubst Du, daß Franz Napoleons Beispiel folgen und unsere Ehe trennen lassen wird, wenn ich keinen Sohn bekomme?“* vertraut sich die Verzweifelte ihrer Mutter an.

Traditionsgemäß darf Elisabeth ihre Kinder nicht selbst erziehen, selbstverständlich auch nicht selbst stillen; in den ersten Wochen ernährt sie eine Amme, aufwachsen sollen sie in der Obhut der Erzherzogin Sophie – in einem anderen Trakt der Hofburg. Natürlich stehen regelmäßige Besuche zwischen Kindern und Mutter auf dem Protokoll.

Sisi kämpft um ihre Kinder, die traditionsbewußte Schwiegermutter sträubt sich. Und der Kaiser muß schlichtend eingreifen. *„Ich bitte Sie [...] inständigst, Sisi nachsichtig zu beurteilen, wenn sie vielleicht eine zu eifersüchtige Mutter ist – sie ist ja doch so eine hingebende Gattin und Mutter!“* so der Kaiser zu Sophie. Im Anschluß eröffnet er ihr, daß die Kinder künftig näher bei ihrer Mutter sein werden.

Sisi setzt sogar durch, daß sie ihre beiden Mädchen auf ihre für Mai 1857 festgelegte Ungarnreise mitnehmen darf. Dort geschieht die Katastrophe: Erst erkrankt Gisela, schließlich auch noch Sophie. Doch während sich die Jüngere schnell wieder erholt, verschlechtert sich der Zustand der Älteren zusehends. Wenige Tage später ist sie tot. *„Unsere Kleine ist ein Engel im Himmel. Nach langem Kampf ist sie zuletzt ruhig um halb 10 Uhr verschieden. Wir sind vernichtet“*, telegrafiert der Kaiser an seine Mutter. So betroffen Sophie auch ist, so sehr fühlt sie sich bestätigt ...

Elisabeth ist völlig verzweifelt. Gisela überläßt sie von nun an der Schwiegermutter. Ihr Gleichgewicht hat die Kaiserin auch ein halbes Jahr später, als sie endlich wieder schwanger wird, noch nicht gefunden. Der Druck, einen Sohn gebären zu müssen, tut sein übriges. Und als schließlich das ganze Land die Geburt des Kronprinzen bejubelt, ist Sisi mit ihren Kräften am Ende. *„Es war mir nur dann erlaubt, die Kinder zu sehen, wenn Erzherzogin Sophie die Erlaubnis dazu gab“*, beklagt sie sich später bei ihrer Hofdame Marie Festetics. *„Endlich gab ich den Kampf auf und ging nur noch selten hinauf.“*

Tatsächlich zieht Elisabeth sich trotzig zurück, zeigt – das ist ihr freilich vorzuwerfen, denn was können die armen Kinder dafür – kaum noch Interesse für sie und weigert sich standhaft, noch einmal schwanger zu werden.

Erst zehn Jahre später entschließt sie sich, anläßlich ihrer Krönung zur Königin von Ungarn, zu einem weiteren Kind. Ein Versöhnungsangebot auch an ihren Mann! Diesmal behält sie jedoch das Zepter in der Hand, bringt Marie Valerie demonstrativ in Ungarn zur Welt und läßt sich auch danach von niemandem in die Erziehung ihrer *„Einzigen“* pfuschen. *„Bei meinen anderen Kindern hat Sophie Mutterstelle vertreten,“* erzählt sie der Tochter später, *„bei Dir, habe ich vom ersten Augenblick an gesagt, muß es anders werden.“* Geradezu gluckenhaft setzt sie sich von nun an auf Marie Valerie, die – wie ihre Geschwister – dem Vater mit seinen vollen Lippen sehr viel mehr ähnelt als der Mutter. So sehr Valerie die Schönheit ihrer Mutter aber auch rühmt, charakterlich steht sie dem Vater deutlich näher.

„Engel im Himmel“: Nach dem plötzlichen Tod Ihrer Erstgeborenen Sophie gibt die verzweifelte Sisi den Kampf um ihre Kinder auf.

Promenieren für die Gesundheit: In Bad Kissingen spaziert Elisabeth mit König Ludwig II. von Bayern, ihrem Vater Max und dem russischen Zarenpaar über die Kurpromenade. (Kolorierter Holzstich, 1864.)

Kein Jahr ohne Kur

Ihr gesamtes Erwachsenenleben hat Kaiserin Elisabeth gegen allerlei komplizierte Krankheiten mit rätselhaften Symptomen anzukämpfen. Viele ihrer Reisen stehen im Dienste der Gesundheit: Ihre Majestät fährt regelmäßig – ein bis zweimal jährlich muß es mindestens sein – zur Kur.

Ihr häufig besorgniserregender Gesundheitszustand hat, wenn man so will, auch sein Gutes für die Kaiserin: Er verschafft ihr auch dann Reiseerlaubnis, wenn sie eigentlich ihren Repräsentationspflichten am Wiener Hof nachgehen sollte. Immer wieder beglaubigen ärztliche Atteste – mehr oder weniger glaubwürdig – die Notwendigkeit, Wien den Rücken zu kehren. Freibriefe zur Flucht, die sie im Lauf ihres Lebens in zahlreiche Kur- und Luftkurorte wie Baden-Baden, Biarritz, Gastein, Karlsbad, Kissingen, Meran, Reichenau an der Rax oder Wiesbaden bringen, in einige dieser Orte auch mehrmals.

Nach fast einjährigem Aufenthalt auf Korfu und in Venedig trifft die tatsächlich immer noch schwer angeschlagene Kaiserin im Mai 1862 im niederösterreichischen Reichenau an der Rax ein. So schlecht geht es ihr, daß sie auf einer Bahre in die nach ihrem Sohn benannte „Rudolfsvilla" getragen werden muß. Nur ein paar Tage hält es

Vor der Rudolfsvilla in Reichenau: Erzherzogin Gisela und Kronprinz Rudolf fahren Jahr für Jahr zur Sommerfrische an die Rax. Die beiden ältesten Kaiserkinder lieben sich trotz ihrer unterschiedlichen Temperamente zeitlebens inniglich. Beide sitzen – im Unterschied zu ihrer Mutter – lieber in einer Kutsche als auf einem Pferderücken.

Paradiesisches Alpenvorland um Reichenau (links): der Weg zur Kuranstalt Thalhof, wohin später auch österreichische Schriftsteller wie Arthur Schnitzler oder Peter Altenberg zur Sommerfrische fahren, photographiert 1895.

sie in dem einstöckigen Haus im Stil des Wiener Frühhistorismus, in dem Kronprinz Rudolf mit Schwesterchen Gisela bis zu seinem sechsten Lebensjahr alljährlich übersommert. Dann reist Sisi weiter nach Kissingen. Denn der Münchner Arzt Dr. Fischer, der schon seit Jahrzehnten der Hausarzt der Familie um Herzog Max ist und auch die psychischen Wehwehchen seiner aristokratischen Patienten bestens kennt, hat Wassersucht diagnostiziert. In Kissingen, oder Bad Kissingen, sollen Schlammbäder, Trinkkuren und vor allem die Gesellschaft ihres Vaters und des Lieblingsbruders Carl Theodor Besserung bringen.

Während sich Sisi um Erholung bemüht, sorgt ein Bericht der Wiener Zeitung „Die Presse" für einen handfesten Skandal.

Am Fuße des Altenberges: Als Elisabeth 1898 zum letzten Mal in Bad Kissingen kurt, wohnt sie nicht mehr im Königlichen Kurhaus, sondern mietet den ersten Stock der Villa Mon Bijou. Das Haus wird 1970 abgerissen, das Stückchen Land, auf dem es stand, als Liegewiese des benachbarten Hotels Diana genutzt.

Kurliste von Kissingen.

Fortlaufende Nro.	Ankunft.	Namen, Charakter und Wohnorte der angekommenen Kurgäste.	Personen-Zahl.	Wohnung.
	1862.	Uebertrag	837	
517	2. Juni.	**Frau Gräfin von HOHENEMBS aus Wien.** Seine Excellenz der Herr General-Major Alfred Graf Königsegg-Aulendorf, Ihre Excellenz Frau Paula Gräfin Königsegg-Aulendorf, geborne Gräfin Bellegarde, Frau Gräfin Caroline Hunyady, Herr Dr. Fischer, Hofrath, „ Bayer, Regierungsrath, Fräulein Marie Doré, „ Elise Herzog, Haus-Offiziere und Dienerschaft aus Wien.	25	Carl von Hess.
518	„	Herr von Oppell, Oberforstmeister aus Cummersdorf in Sachsen.	1	Johann Feser.
519	„	„ C. Rueb, Particulier mit Gemahlin und Fräulein Tochter aus Rotterdam.	3	Hofr. Dr. Balling.
520	„	„ J. H. König, kgl. niederl. General-Major a. D. aus Zürich.	1	Wundarzt Linhard.
521	„	„ William Chidson, Privatier aus St. Petersburg.	1	Russischer Hof.
522	„	„ Th. Rabe, Consul der freien Stadt Hamburg mit Gemahlin, zwei Kindern und Bedienung aus Messina.	6	daselbst.
523	„	„ C. Wedemayer, kais. kgl. öster. Oberlieutenant aus Mediasch.	1	Bildhauer Arnold.
524	„	„ Schönn, Oberamtmann aus Wittstock in Preussen.	1	Chirurg Fischer.
		Latus	876	

„Außerdem hat der Aufenthalt in Kissingen auf die Kaiserin derart unliebsam gewirkt“, frotzelt das Blatt die kaiserliche Familie, *„daß sie dort leider mehrere ihrer schönsten Zähne einbüßte.“* Daß Elisabeth nicht mit einem schönen Gebiß gesegnet ist, ist schon vor diesem Artikel kein Geheimnis. Vielmehr sind ihre Zähne – „zu gelb“ und „schief gewachsen“ – ihr einziger Schönheitsfehler und mit Sicherheit einer der Hauptgründe, warum sich die Kaiserin in Öffentlichkeit zeitlebens bestensfalls zu einem rätselhaft-hintergründigen, manchmal etwas verächtlich wirkenden Mona-Lisa-Lächeln durchringen kann. Darüber zu sprechen, es gar schriftlich zu kommentieren gilt in diesen Zeiten jedoch nicht nur als Indiskretion, sondern gleich als schweres Vergehen der Presse.

Vermutlich gelingt es Franz Joseph, diese „majestätsbeleidigenden“ Worte von seiner Frau fernzuhalten. Jedenfalls schlägt die Kissinger Kur gut an, und „Die Presse“ kann *„die Gemüther derjenigen, welche sich die hohe Kranke als im letzten Stadium der Lungentuberculose befindlich vorstellten“*, beruhigen.

Gesund ist Sisi – zumindest offiziell – deshalb noch lange nicht. Eine Krankheit *„der blutbereitenden Organe“* macht eine Verlängerung des Aufenthalts notwendig. Und als sie endlich nach Wien zurückkehrt,

Am liebsten inkognito: Schon 1862 reist Elisabeth, wie aus der „Kurliste von Kissingen“ ersichtlich, unter ihrem lebenslang benutzten Decknamen Gräfin von Hohenembs. Natürlich läßt sie sich, wie von einer Kaiserin erwartet, von einem Teil ihres Hofstaates und 25 Dienern begleiten. Und natürlich weiß jeder in Bad Kissingen, daß es sich bei der Gräfin in Wahrheit um die Kaiserin handelt.

Schloß Trauttmansdorff: Elisabeth, die sich in Meran so wohl fühlt, daß sie gleich in zwei aufeinanderfolgenden Jahren dort überwintert, kauft zur Erinnerung das 1870 von Karl Friedrich Harveng gemalte Aquarell mit der Südansicht der Burg.

empfiehlt ihr Dr. Fischer den „wiederholten Gebrauch von Kissingen". Bis zum preußisch-österreichischen Krieg 1866, der eine Reise ins nunmehr „feindliche" Kissingen unmöglich macht, kommt sie jedes Jahr. Dann vergehen mehr als 30 Jahre, bis sie 1897 eine neuerliche Kur an dem bewährten Ort antritt und – wie schon als junge Frau – im Königlichen Kurhaus absteigt. *„Es ist nicht großartig schön"*, schreibt sie ihrer Tochter Valerie aus Kissingen, *„aber so liebenswert, so gut, so ruhig."* Im April 1898 kehrt sie ein letztes Mal in das unterfränkische Heilbad zurück.

Ihren Gemahl läßt Elisabeth in aller Regel in Wien zurück, wenn sie zur Kur fährt, und häufig auch die Kinder. Manchmal dienen ihr jedoch gerade diese als Vorwand für eine neuerliche Reise: Herbst und Winter 1870 auf 1871 etwa verbringt sie mit ihren beiden Töchtern Gisela und Valerie samt 106köpfigem (!) Gefolge in der Nähe von Meran – Sisi nimmt trotz ihrer demonstrativ gelebten Eigenständigkeit alle Vorzüge und Bequemlichkeiten ihrer hohen Stellung in Anspruch.

In dem zuträglichen Klima Südtirols, so die offizielle Reisebegründung, soll sich der geschwächte Zustand der jüngeren Tochter bessern. *„Mein armer Sohn"*, bemitleidet Erzherzogin Sophie den zurückgelassenen Kaiser. *„Und Rudolf* [Sisis Sohn] *klagt sehr darüber, sich auf so lange Zeit von seinen Schwestern trennen zu müssen."* Will Franz Joseph Frau und Töchter sehen, muß er sie im Schloß Trauttmansdorff bei Obermais nahe Meran besuchen. Und das tut er auch mehrmals. Sisi gefällt es so gut in Meran, daß sie erst im Juni 1871 wieder nach Wien kommt, um bereits im Oktober abermals

nach Meran aufzubrechen – für weitere sieben Monate.

„Ich möchte Sie bitten", drängt Ende April 1872 sogar der Sisi so wohlgesonnene Gyula Graf Andrássy in einem Schreiben an Sisis Vertraute Ida Ferenczy, *„durch Ihren Einfluß bei Ihrer Majestät zu erwirken, daß sie nicht lange der Hauptstadt fernbleiben möge."*

Wann immer Sisi nach Wien zurückkehrt – der Grund für eine neuerliche Kur ist schnell gefunden. Sogar mitten im Trubel der Weltausstellung 1873 und ihren vielen Empfängen zieht sich die Kaiserin ins niederösterreichische Payerbach zurück – diesmal wegen ihrer monatlichen „Unpäßlichkeit". Und im Sommer 1875 kann sie wiederum die kränkelnde Marie Valerie vorschieben, als sie Wien verläßt. Hat der Leibarzt der kaiserlichen Familie, Dr. Widerhofer, der kleinen Prinzessin auch tatsächlich Seebäder empfohlen, so hat Elisabeth doch mehr im Sinn als die gesunde Seeluft, als sie sich mit Kind und sechzig weiteren Begleitern sowie mehreren Pferden in Sassetôt in der Normandie einfindet: Elisabeth trainiert wie eine Besessene für ihre Parforcejagden in England.

Elisabeths bekanntestes Gesicht: Der Photograph Ludwig Angerer fing Anmut und Selbstbewußtsein der Kaiserin in seinen Porträtserien der Jahre 1863/64 so trefflich ein, daß die Bilder jahrzehntelang unzähligen Malern und Lithographen als Vorbild dienten. Hier eine Farb-Chromolithographie von 1870, auf der die berühmte, von der Hoffriseuse Franziska Feifalik kreierte Flechtfrisur besonders gut zur Geltung kommt.

Erst in späteren Lebensjahren sind es tatsächlich wieder ernsthafte Gesundheitsprobleme, die Sisi von Kur zur Kur treiben: ein Ischiasleiden etwa, Rheuma, Gelenk- und Wirbelsäulenbeschwerden, chronische Kopfschmerzen, Schwächeanfälle und schließlich auch ein Herzleiden. Im März 1884 steigt sie für fast zwei Monate im Hotel „Vier Jahreszeiten“ in Wiesbaden ab, um sich wegen ihrer quälenden Nervenschmerzen in den Beinen behandeln zu lassen. Gleich darauf begibt sie sich zu einer mehrwöchigen Massagekur nach Holland. Im folgenden Jahr besucht sie erneut Holland und läßt sich im August (bevor sie im Spätherbst Korfu, Troja, Ägypten und Ungarn bereist) in Gastein stärken. Und so geht es auch in den darauffolgenden Jahren:

„Wenn Du glaubst, daß es für Deine Gesundheit nothwendig ist, will ich schweigen“, muß sich der Kaiser im Oktober 1887, wie immer im Leben, zurücknehmen, *„obwohl wir Heuer seit Frühjahr nie länger als einige Tage beisammen waren.“*

Ob die Kuren ihrer Gesundheit schließlich nicht mehr schaden als nützen? Diese Frage drängt sich auf, wenn man über Elisabeths auch im Alter fortdauernde exzessive Hungerkuren Bescheid weiß. 1893 in Territet etwa stellt der Arzt hautentstellende Hungerödeme fest. Zur Vernunft brachte sie das aber nicht. Sisi unterwarf sich auch weiterhin sagenhaften Torturen, etwa in Biarritz. *„... Dampfbäder und darauf 7 Grad Vollbad, das würde vielen Menschen eine Ohnmacht machen, den Tod bringen. Ihre Majestät gibt auch zu, immer Ohrensausen darauf gehabt zu haben“*, weiß eine ihrer Dienerinnen. Ein weiteres Rezept der Kaiserin gegen Gewichtszunahme sind Schwitzkuren: *„... jeden Abend sehr warm angezogen einigemale den Berg schnell hinaufgehen ... Das war auch gegen das Dickwerden – Ihre Majestät sah immer so abgehetzt aus!!“*

Ihre letzte Kur führt Elisabeth im Juli 1898 für fünf Wochen ins Herzbad Bad Nauheim im Hessischen. Am 3. Juli hat der Hof ein offizielles Bulletin über ihren Gesundheitszustand herausgegeben. Demnach leidet die Kaiserin zu dieser Zeit an Blutarmut, die *„infolge heftiger Nervenentzündungen, verbunden mit langwöchiger Schlaflosigkeit, im letzten Winter in bedeutendem Maße zugenommen hat“*. Außerdem an einer Herzerweiterung, die jedoch keinen Grund zu ernster Besorgnis gäbe, solange sich die Kaiserin ausreichend Ruhe gönne. Eine Kur in Nauheim, heißt es, würde zur Stärkung des Herzmuskels dringend angeraten.

Mit Schirm und Melone (oben): Während seines letzten gemeinsamen Aufenthalts in Bad Kissingen vom 25. April bis 5. Mai 1898 gerät das Kaiserpaar einem Photographen vor die Kamera. Die schwarzgekleidete Elisabeth versteckt sich wie immer hinter Schirm und Fächer.

Elisabeth fügt sich und sucht also Nauheim auf. Wohl fühlt sie sich dort nicht, besonders als ihr Kaiser Wilhelm II. eine offizielle Visite abstattet. *„Schlecht gelaunt und traurig bin ich“*, schreibt sie an Marie Valerie, *„und die Familie kann froh sein, daß sie von mir weit entfernt ist. Ich habe das Gefühl, dass ich mich nicht mehr zusammenklauben werde.“*

Ihr Gesundheitszustand bessert sich jedoch, und der Übermut packt sie: Am 29. August verläßt die Kaiserin Bad Nauheim in aller Heimlichkeit ...

Die Hochzeitsgabe der Kaisermutter (oben): 1854 schenkt Erzherzogin Sophie ihrem Sohn die Villa Enz und läßt sie zur Kaiservilla umbauen. Obwohl sich Elisabeth von der Jagd- und Sommerresidenz fernzuhalten versucht, wenn Sophie dort ist, so pflegt sie doch ihr Leben lang eine enge Beziehung zu diesem Ort.

Ischler Schreibtisch (rechts): Auch zwischen seinen Jagdausflügen setzt sich der Kaiser zur Arbeit – dann jedoch seiner „Engels-Sisi" zugewandt.

Kaiservilla in Ischl

Ein großzügiges Hochzeitsgeschenk der Schwiegermutter: 1854 kauft Erzherzogin Sophie jene idyllisch am Fuß des Jainzer gelegene Biedermeiervilla, die sich einst der bekannte Wiener Notar Josef August Eltz als Sommersitz errichten ließ. Die aufwendigen Um- und Ausbauarbeiten dauern mehr als ein Jahr; durch einen Verbindungs- und zwei Seitentrakte bekommt das Haus herrschaftliche Dimensionen – und die Form eines „E", das angeblich den Namen Elisabeth symbolisiert. Nicht zu Repräsentationszwecken wird die „Kaiservilla" jedoch dekoriert, sondern als schlichtes Jagddomizil. Überall erinnern Jagdtrophäen sowie Bilder und Statuetten, die Jagdszenen festhalten, an Franz Josephs größte und wohl einzige wirkliche Leidenschaft.

In Ischl – ein Leben lang der „irdische Himmel" des Kaisers, der nach den Erinnerungen seiner Mutter in dem Kurort gezeugt worden ist – fühlt sich auch die Kaiserin so wohl wie kaum sonstwo. So unstet sie auch sein, so sehr sie die Schwiegermutter, an die sie alles an diesem Ort erinnert, auch ablehnen mag – ins Salzkammergut zieht es Elisabeth doch immer wieder. Kaum ein Jahr vergeht, in dem sie nicht wenigstens für ein paar Wochen nach Ischl, wo sie Franz Joseph im August 1853 kennengelernt hat, reist, vor allem des Wanderns wegen. *„Der Jainzen"*, schreibt ihre jüngste Tochter Marie Valerie über den dicht bewaldeten Berg nördlich der Stadt, *„ist ja Mamas Zauberberg, wo sie dichtet und träumt und selbst mich kaum mehr etwas erstaunen könnte."* Doch auch als Elisabeth ihrer rheumathischen Beschwerden wegen nicht mehr bergsteigen kann, kommt sie Jahr für Jahr nach Ischl, im Juli 1898 – *„gedrückt wie immer"* – zum letzten Mal. Valerie, die zu den Eltern stößt, kann die traurige Stimmung kaum ertragen. *„Was muß Papas sonstiges Leben sein, dass er das hiesige gemütlich und genußreich findet?"* vertraut sie ihrem Tagebuch an.

Am 15. des Monats verläßt Elisabeth die Kaiservilla. Über München fährt sie nach Bad Nauheim zu einer neuerlichen Kur. Zwei Tage später schon packt Franz Joseph die Sehnsucht nach seiner Gemahlin: *„... mit Schmerz denke ich an die so unendlich lange Zeit der Trennung; besonders wehmütig stimmen mich Deine ausgeräumten, leeren Zimmer ..."*

Franz Joseph wird Sisi nicht mehr lebend wiedersehen.

Familiendiner in der Kaiservilla: Franz Joseph und Elisabeth – einander zugewandt – speisen zwischen Kindern und Enkelkindern.

Theo Zasche fertigte diese Zeichung um 1890 nach einer Photographie des Ateliers Angerer & Göschl.

In Ischl überreicht Sisi dem Kaiser 1865 ihre Unabhängigkeitserklärung

Ich wünsche, daß mir vorbehalten bleibe unumschränkte Vollmacht in Allem, was die Kinder betrifft, die Wahl ihrer Umgebung, den Ort ihres Aufenthaltes, die complette Leitung ihrer Erziehung, mit einem Wort, alles bleibt mir ganz allein zu bestimmen, bis zum Moment der Volljährigkeit.

Ferner wünsche ich, daß, was immer meine persönlichen Angelegenheiten betrifft, wie unter anderem die Wahl meiner Umgebung, den Ort meines Aufenthaltes, alle Anordnungen im Haus p.p. mir allein zu bestimmen vorbehalten bleibt.

Elisabeth — Ischl, 27. August 1865

Kühe in der Sommerresidenz: Im einem abgelegenen Teil des Schloßparks Schönbrunn – hier eine Frontansicht des Schlosses, im Hintergrund die Gloriette – läßt Elisabeth Milchkühe, die sie auf ihren Reisen zusammenkauft, halten. Frische Milchprodukte sind in den letzten Lebensjahren die Hauptnahrungsmittel der Kaiserin.

Die Eßgewohnheiten der Kaiserin

„Ich ängstige mich so für Dich, weil Du gar nicht isst und schläfst“, wendet sich Franz Joseph 1859 vom Italienfeldzug an seine in Wien weilende Frau, *„ich beschwöre Dich, tue beides und erhalte Dich mir zu lieb, recht wohl und kräftig.“* Der Kaiser weiß, daß Sisi den Appetit verliert und die Nahrungsaufnahme verweigert, wenn sie deprimiert ist. Doch sein Flehen zeigt keine Wirkung: Elisabeth hat in den Jahren seit ihrer Hochzeit auch eine geradezu panische Angst vor Gewichtszunahme entwickelt – und zudem eine tiefe Abneigung gegen das Zeremoniell am Hoftisch. Sie weicht ihm aus, so oft sie kann. Und zelebriert statt dessen ihre ganz persönlichen Essensrituale, die einerseits in ihrer Exzentrik, andererseits in ihrer Diszipliniertheit jene des Hofes bei weitem übertreffen.

Der „Figur“ zuliebe – mit ihren ein Meter zweiundsiebzig wiegt Sisi ihr Leben lang nie mehr als 50 Kilogramm – nimmt sie oft tagelang nur Flüssiges zu sich: Neben Orangen-, Traubensaft oder Karlsbader Mineralwasser ist das vor allem Fleischsaft. Um die Kalbsschlegel fachgerecht auspressen zu können, läßt sich die Kaiserin eigens Entenpressen aus Frankreich kommen. „ […] *und ich*

hoffe, daß Du nun endlich regelmäßig leben und Dich hinreichend mit kräftigen Speisen und nicht mit allen möglichen Medizinen und Wässern ernähren wirst", muß Franz Joseph auch nach fast vierzig Jahren Ehe, am 19. Dezember 1896, klagen – Sisi ignoriert seine Bitte ebenso, wie sie zeitlebens die Hilferufe ihres kasteiten Körpers ignoriert hat: die Magenkrämpfe und Katarrhe, die unschönen Hungerödeme. Die Schwellungen an ihren Beinen, an den Knöcheln, im Gesicht hat sie ganz offensichtlich als eine Neigung zur Fettleibigkeit mißdeutet – und sich zu noch strengeren Fastenkuren gezwungen –, täglich kontrolliert von einer Waage, täglich dokumentiert in einer Art Kursbuch.

Das Hauptnahrungsmittel ihrer letzten Lebensjahre ist Milch. Nicht jede Milch jedoch: Sie darf keinesfalls abgekocht, muß von erstklassiger Güte und idealerweise frisch gemolken sein. Auf gemeinsamen Spaziergängen muß Elisabeths letzte Hofdame, Irma Gräfin Sztáray, stets einen silbernen Becher bei sich tragen. Wenn die Kaiserin einer Kuh-, Schafs- oder Ziegenherde begegnet, wünscht sie aus diesem Becher augenblicklich frische Milch zu trinken. Zur Qualitätssicherung läßt Sisi 1895 sogar eine Kammermeierei in Schönbrunn sowie eine weitere im Lainzer Tiergarten einrichten, in der sie Kühe und Hühner hält. Tatsächlich sammelt Sisi Milchkühe, die schönsten Exemplare bringt sie von ihren Reisen

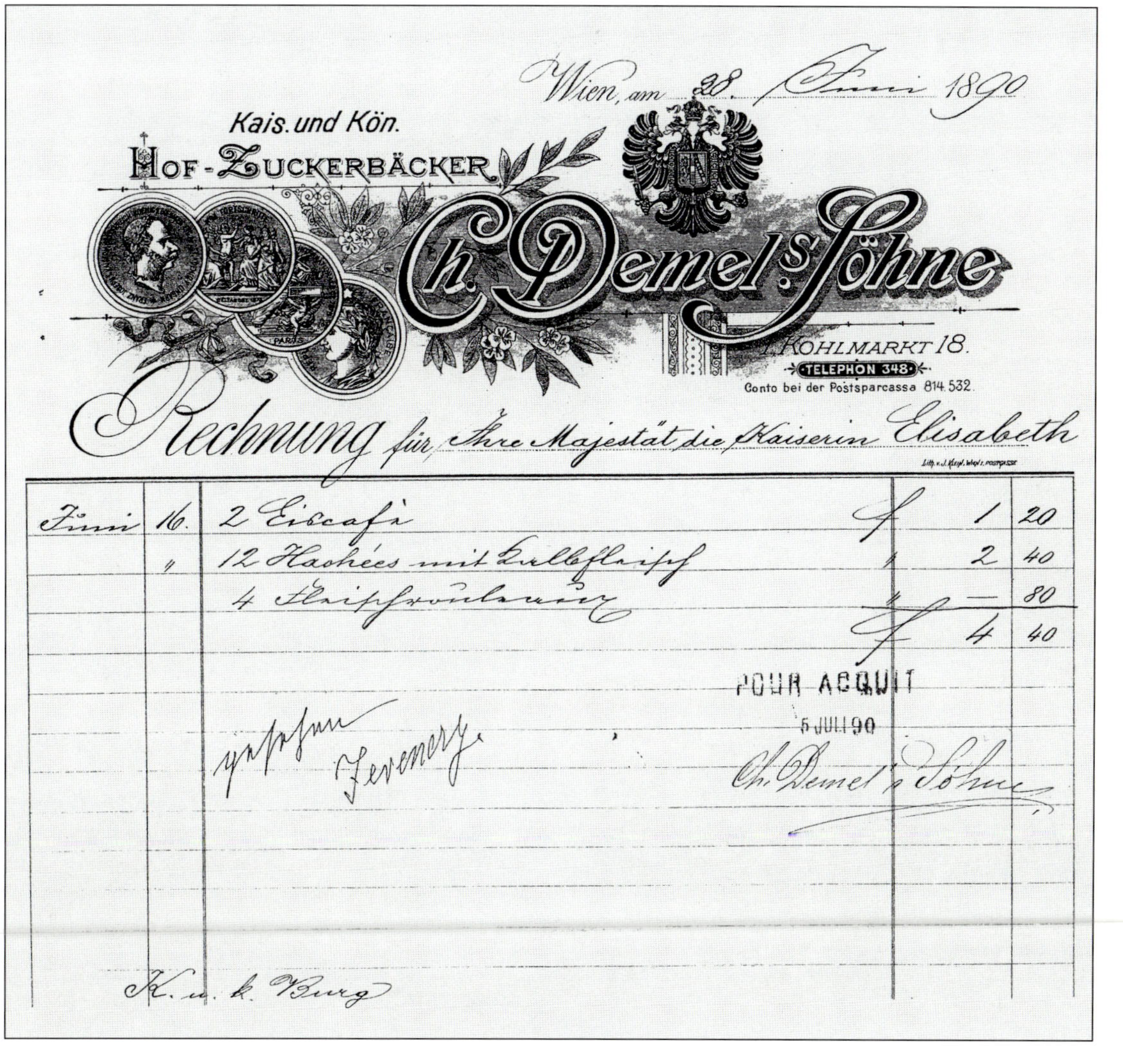

Wien, am 28. Juni 1890

Kais. und Kön. Hof-Zuckerbäcker

Ch. Demel's Söhne

Kohlmarkt 18.
Telephon 348
Conto bei der Postsparcassa 814.532.

Rechnung für Ihre Majestät die Kaiserin Elisabeth

Juni	16.	2 Eiscafé		1	20
	"	12 Hachées mit Kalbfleisch		2	40
		4 [illegible]		—	80
				4	40

POUR ACQUIT
5 JULI 90
Ch. Demel's Söhne

gesehen Ferenczy

K. u. k. Burg

Eine Schwäche für Süßes: So sehr Elisabeth sich sonst auch kasteit, auf Mehlspeisen und Konfekt verzichtet sie nicht. Vom k.u.k. Hofzuckerbäcker Demel, der sein Geschäft am Kohlmarkt, nur ein paar Schritte von der Hofburg entfernt, betreibt, läßt sie sich Eiskaffee und andere Süßigkeiten, manchmal auch Fleischpasteten und ähnliches liefern.

Die Separatküche der Kaiserin: „Auch darf das Kamerweib in der kleinen Küche nie etwas anderes kochen, als jene Getränke und Speisen, welche ihr zum Gebrauch der Kaiserin befohlen werden", heißt es in der Instruktion für das weibliche Kammerpersonal 1863. So überspitzt dies auch klingen mag – Separatküchen waren am Wiener Hof üblich. Auch Erzherzogin Sophie und Sisis Kinder wurden bei allen nicht offiziellen Mahlzeiten über ihre Separatküchen bekocht.

mit – etwa aus der Bretagne oder aus Korfu. Bei Biarritz entdeckt sie einmal ein prachtvolles schwarzes Tier, das sie dem Besitzer auch gleich abkauft – freilich unter ihrem Decknamen Comtesse von Hohenembs. Als der Bauer die Kuh im Grand Hotel Biarritz abliefert und erfährt, daß es sich bei der neuen Herrin seiner Kuh um niemanden geringeren als die Kaiserin von Österreich handelt, staunt er nicht schlecht. Damit nicht genug: Auch auf hoher See möchte Sisi nicht auf ihre tägliche Frischmilch verzichten. Zu ihren wichtigsten Reisebegleitern zählen deshalb zwei Ziegen und eine Milchkuh. Das bringt ungeahnte Probleme: Die Ziegen werden auf hoher See seekrank und geben keine Milch mehr. Nur die normannische Kuh hält durch.

So streng Sisi in ihren Fastenkuren zu sich selbst auch ist, so schwer dürften diese ihr manchmal fallen. Tatsächlich völlert die Kaiserin nie, doch sie ist eine überaus anspruchsvolle Genießerin perfekt bereiteter Speisen – einige ihrer Köche und Zuckerbäcker sollen in fortgeschrittenem Alter Nervenkrankheiten entwickelt haben. Sisi mag vor allem Rindfleisch, Lamm und Wild, aber auch Fisch, Austern und Kaviar, Artischocken und Spargel. Und sie hat eine ausgesprochene Schwäche für Süßes – verzehrt Gugelhupf schon zum Frühstück und zwischendurch Biskuit, Bretzeln und allerlei süßes Gebäck aus reiner Butter, süßen Zwieback und manchmal auch üppige Torten.

Selbstverständlich versuchen sich die Patissiers mit ihren Kreationen für Sisi gegenseitig zu übertrumpfen. Sogar nach Korfu läßt sie sich die Spezialitäten ihrer Lieblingszuckerbäcker nachschicken. Vor allem Gefrorenes hat es Sisi angetan, mehr als jede andere Geschmacksrichtung Veilchensorbet aus Veilchenblättern, Wasser und Zucker. Den Kaiser ekelte davor: *„Der Gedanke an das Veilchen Gefrorene mit Orangen gab mir fast Übelkeit“*, schreibt er seiner Frau im April 1894. Bei ihrem letzten großen Mahl am 9. September 1898 im Hause Julius Rothschild in Genf werden Sisi zum Abschluß geeiste ungarische Creme, Zitronenbiskuit und Schokoladensandkuchen serviert.

Feines Demelkonfekt: Damals wie heute trägt die aufwendige Verpackung zum Genuß bei.

Schloß Possenhofen im 19. Jahrhundert (Aquarell)

Elisabeths
Liebe
zu
Bayern

Mehr als sechs Jahre ist Elisabeth nicht in ihrer Heimat gewesen, als sie im Juli 1860 Hals über Kopf aus Wien flieht und in Possenhofen Zuflucht sucht. Franz Joseph habe „einige seiner Junggesellengewohnheiten“ wieder aufgenommen und vergnüge sich anderwärtig, hat man ihr auf üblichen Hoftratsch-Wegen zugetragen. Die Bemerkungen sollen, daran besteht kein Zweifel, die am Hof unbeliebte Kaiserin gezielt verletzen. Und das gelingt. Elisabeth, deren Nerven durch die ständigen Auseinandersetzungen mit Ehemann und Schwiegermutter ohnehin schon zum Zerreißen gespannt sind, verliert nun auch ihr letztes Quentchen Fassung und holt zu einem ersten Befreiungsschlag aus.

Weil es ihr gar nicht schnell genug gehen kann, aus „der Burg“ fortzukommen, nimmt sie den Zug. Und verstößt damit gegen das Protokoll; denn die eben erst fertiggestellte Strecke Wien–München, die ihr zu Ehren „Kaiserin-Elisabeth-Westbahn“ genannt wird, ist noch nicht einmal feierlich eröffnet worden.

Einen Monat bleiben die Kaiserin und ihre Tochter Gisela, die sie auf die Fluchtreise mitgenommen hat, in Sisis geliebtem „Possi“; zum Geburtstag des Kaisers müssen sie, um einen öffentlichen Skandal zu vermeiden, nach Österreich zurückkehren.

Sisis Erinnerungen an Possenhofen, den schlichten Sommersitz ihrer Familie am Starnberger See, sind rosig: In Kinder- und Jugendjahren hat sie hier im Kreis ihrer geliebten Geschwister unbeschwerte, glückliche Ferienmonate verbracht, hier ist sie gewandert und geritten, hat mit den Bauernkindern aus der Umgebung gespielt, gerudert und gefischt. Auf die „Etikette“ hat sie jedenfalls nicht achten müssen.

Am Arm des Lieblingsbruders: Carl Theodor leistet Elisabeth während ihrer Kur 1862 in Bad Kissingen Gesellschaft. Im Hintergrund der Heliographie: die Kurhalle.

Das ungezwungene, fast bürgerliche und als volkstümlich verschriene Leben in Possenhofen hat dem Wiener Hochadel sogleich Anlaß zu Nasenrümpfen und bösen Kommentaren gegeben – der Gegensatz zu Wien ist ja tatsächlich kraß. Von einer „Bettelwirtschaft“ ist die Rede, von unsäglichen, der Aristokratie jedenfalls unwürdigen Zuständen, für die Sisis Vater mit seinem unkonventionellen Lebensstil verantwortlich gemacht wird. Daß die Tochter – bei allen Konflikten, die die beiden entzweien – gerade ihm nachgerät, das zeigt sich um so deutlicher, je älter Sisi wird. Von Herzog Max hat sie Abenteuerlust und Fernweh, die Liebe zur Natur, aber auch zum Zirkus geerbt – und den Hang zum Dichten.

Max hält sich vom Hofleben fern, so gut er kann, er wählt seine Freunde nach ihrer Bildung und ihrem Unterhaltungswert, nicht nach ihrer Herkunft, und umgibt sich deshalb am liebsten mit Künstlern und Gelehrten. Der weitgereiste und gut gebildete Herzog hat sogar – wie unaristokratisch! – an der Universität München studiert. Daß seine Lebensweise dem Wiener Hof suspekt ist, muß nicht wundern.

Elisabeths Vertraute jedoch, Gräfin Marie Festetics, macht später ihrem Ärger über die versnobtem Vorurteile der sogenannten besseren Gesellschaft Luft. *„Das*

Ungewöhnlich freundlich (links): Der Photograph im Münchner Atelier Albert kann der Kaiserin ein Lächeln entlocken. Oder lächelt sie ihrem Lieblingscousin Ludwig II. zu?

Idyllisches Garatshausen: Im Schloß ihres ältesten Bruders Herzog Ludwig, der unstandesgemäß eine Schauspielerin heiratete, fühlt sich Elisabeth wohl. Alles, was den Wiener Hof provoziert, macht ihr Spaß.

Elisabeths Geburtsstadt: Nach München – hier der Marienplatz 1895 – zieht es die Kaiserin nicht nur ihrer Familie, sondern auch des guten bayerischen Biers wegen.

Haus ist einfach, aber gut geführt, sauber, nett, gute Küche", beschreibt sie Possenhofen, das inmitten einer prachtvollen, den Engländern abgeschauten Parkanlage liegt. *„Ich fand keinen Prunk, es ist alles wohltuend altmodisch, aber vornehm und nichts von einer Bettelwirtschaft, wie meine Colleginnen von einst und jetzt vorerzählten.*"

Es ist vor allem die umliegende Natur, die Sisi liebt und die sie auch in den folgenden Jahren immer wieder ins Bayernland und an den Starnberger See zurückkehren läßt. *„ [...] ja so mußte ihre Heimat sein*", schwärmt Marie Festetics, *„damit der träumerische Sinn, die Liebe zur Natur – sich so entwickeln konnte!*"

Fast jedes Jahr, und ist's auch nur für ein paar Tage, besucht Sisi nun die Heimat. Im Schloß Possenhofen wohnt sie allerdings nur noch einmal – auf dem Rückweg von ihrem ersten Kuraufenthalt in Bad Kissingen im Jahr 1862. Das hat verschiedene Gründe: Erstens entspricht es nicht der Hofetikette; eine Kaiserin hat gebührlich abzusteigen, das kleine Schlößchen bietet nicht genug Platz für ihr Gefolge. Zweitens ist es Herzog Max ganz recht so. Denn bei jenem letzten Aufenthalt Sisis sind auch ihre in Italien verheirateten Schwestern, Exkönigin Marie von Neapel und Gräfin Mathilde Trani, zu Besuch im väterlichen Haus. Beide sind – gleich Elisabeth – auf der Flucht vor ihren Ehemännern nach Possenhofen gekommen. Die drei Schwestern stecken unentwegt zusammen, tuscheln wie ungezogene Gören, ignorieren dabei ihre Hofdamen und provozieren so Aufruhr und Unstimmigkeiten – bis Herzog Max kurzen Prozeß macht und seine Töchter zurück zu ihren Ehemännern schickt.

In der Folge ist Elisabeth zweimal zu Gast bei Herzog Ludwig in Schloß Garatshausen direkt am Starnberger See. Sisi bewundert ihren ältesten Bruder „Louis", der aus Liebe zu der Schauspielerin Henriette Mendel auf alle Rechte des Erstgeborenen und damit auf erhebliche Geldsummen verzichtet hat. Zu ihrer bürgerlichen Schwägerin entwickelt Sisi ein demonstrativ nahes und liebevolles Verhältnis. Entsprechend gut ist die Stimmung in Garatshausen. Ein Höhepunkt des Aufenthalts im August 1869 ist – jedenfalls für die Kinder – der Auftritt eines Gauklers samt Tanzbär, den Sisi zur Unterhaltung ihrer Tochter Marie Valerie engagiert hat.

Ab Mitte der siebziger Jahren mietet Elisabeth sich und ihr Gefolge fast jedes Jahr im Hotel Strauch in Feldafing ein. Nicht nur ein paar Zimmer des für damalige Verhältnisse hochmodernen Hauses belegt sie, sondern gleich das gesamte Hotel, denn mindestens 50 Personen begleiten die Kaiserin: Hofdamen und Kammerzofen, ein Arzt, ein Sekretär, Badefrauen, Friseure, Köche und Kutscher. Dazu Stallburschen, die sich um die 15 bis 20 mitgereisten Pferde kümmern, sowie Hundsburschen, die die Hunde versorgen.

Auf Elisabeths Wunsch wird das Hotel, das nach ihrem Tod den Namen "Kaiserin Elisabeth" bekommt, mit einer eigenen Wendeltreppe ausgestattet; die Kaiserin besteht auf einen direkten Fluchtweg im Fall eines Feuers. 1882 läßt sie sich – wie in allen Häusern, die sie regelmäßig benutzt – zudem ein Turnzimmer einrichten, Turngeräte aufstellen und den Boden

mit weichen Matratzen auslegen. Dabei machen die Übungen an Reckstange und Sprossenwand nur einen kleinen Teil ihres täglichen Fitneßprogramms aus. Im benachbarten Pfarrhaus läßt sie sich im Florettfechten unterrichten, bei schönem Wetter schwimmt sie im Starnberger See oder rudert, selbstverständlich nie allein, zur Roseninsel. Von ihren ausgedehnten Ausritten und Spaziergängen läßt sie sich hingegen von keinem Wetter abhalten. *„Um 7 Uhr mußte ich mit Kaiserin Elisabeth einen zweistündigen Spaziergang machen, selbst bei Regenwetter"*, schildert später auch Marie Larisch, die Tochter ihres Bruders Ludwig.

So zurückgezogen Elisabeth im allgemeinen auch lebt, in Feldafing zeigt sie sich von ihrer geselligen Seite und empfängt gerne Gäste: Schon zum Frühstück kommt ihre Mutter, auch ihre sieben Geschwister mit deren Ehepartnern und Kindern zeigen sich regelmäßig und natürlich ihr Cousin Ludwig II. Gelegentlich kommen auch Franz Joseph oder Kronprinz Rudolf zu Besuch. Die *„alte Herzogin-Mutter* [...] *kam von Schloß Possenhofen heraufgefahren, bei schönem Wetter im offenen Wagen, neben sich ihre beiden weißen römischen Spitze, Romulus und Roma, ohne die ich mir meine Großmutter gar nicht denken konnte ..."*, so Marie Larisch in ihren Erinnerungen. *„Tante Sisi haßte in aller Stille diese kleinen Biester, denn sie liebte nur große Hunde und hatte stets einen solchen bei sich. [...] Das Mittagsmahl war um 2 Uhr, und gegen Abend, wenn es kühler geworden war, unternahm meine Tante ihren Spazierritt, wobei ich sie begleiten durfte. Ein Groom folgte in einiger Entfernung.*
An kühlen Tagen ritten wir früher aus, bei Regenwetter in wasserdichten Jacketts. Höchstens ein starkes Gewitter verhinderte unsern Reitausflug."

Aber nicht nur an den Starnberger See, die Heimat ihres Herzens, kehrt Elisabeth im Lauf ihres Lebens regelmäßig zurück, sondern auch nach München, wo sie am 24. Dezember 1837 geboren wurde, am Weihnachtsabend und zudem einem Sonntag, noch dazu mit einem Zahn im Mund – gleich drei Anzeichen dafür, daß die Glücksfee Großes vorhatte mit dem dritten von insgesamt acht Kindern.

Elisabeth fühlt sich wohl im Stadtpalais der Familie. Herzogin Ludovika, bis zu ihrem Tod 1892 eine enge Vertraute ihrer Tochter, hat ihre Kinder – und damit ist sie eine große Ausnahme in aristokratischen Kreisen ihrer Zeit – nicht nur selbst aufgezogen, es gelingt ihr auch später immer wieder, alle „Biedersteiner", wie der Münchner Hof die Familie nach ihrem am Englischen Garten gelegenen Palais ruft, um sich zu sammeln.

Bei ihren Reisen in die Vergangenheit tankt Sisi Ruhe und Ausgeglichenheit, die ihr das Jahr über abhanden gekommen ist. Eine ihrer späten Ausflüge nach München ist ihrer Hofdame Irma Gräfin Sztáray eine ausführliche Beschreibung wert: *„Langsam dahinschreitend, gingen wir durch die Stadt; wir wollten nichts Neues, nichts Überraschendes sehen; dieser Besuch galt ganz der Vergangenheit, den Erinnerungen. Wir blieben bald vor einem altertümlichen Palaste, bald vor einem alten Gebäude stehen, bei einer Baumgruppe, deren Äste sich seither ausgebreitet hatten, bei einem Blumenbeete, das schon damals geblüht ..."*

Nicht nur träumen will Sisi, auch Handfestes sucht sie, wenn sie in München ist. Jedesmal wieder kehrt sie – natürlich inkognito und in Begleitung ihrer Hofdame – auch im Hofbräuhaus ein und trinkt eine Maß Bier.

Romantische Seelenfreundschaft: Ihr Cousin Ludwig II. ist einer der wenigen wahren Freunde Elisabeths.

Bayerischer Märchenkönig und Wagnerverehrer: Ludwig II. vor seinem Schiff „Tristan" am Starnberger See. (Aquarell von 1867.)

Möve und Adler: Elisabeth und Ludwig II.

Als Kind hat Elisabeth wenig Kontakt zu Ludwig. Das liegt nicht nur am Altersunterschied – Sisi ist acht Jahre älter als ihr Cousin –, sondern vor allem an der Rivalität zwischen den beiden Wittelsbacher-Familien. Der königliche Zweig, dem Ludwig entstammt, fühlt sich dem herzoglichen überlegen und hält sich von ihm fern.

Als Erwachsene verbindet die Kaiserin jedoch eine tiefe Seelenfreundschaft mit ihrem „Königsvetter". Schon von Madeira korrespondiert sie intensiv mit ihm. Lange Gespräche führen das bildschöne Paar 1864 in Bad Kissingen noch enger zusammen. Sie sei *„beglückt über ihre Gleichgestimmtheit, von vielen gemeinsamen Stunden"*, berichtet Sisi ihrer Familie. Ludwig ist nicht nur genauso romantisch und begeisterungsfähig, gleichzeitig aber auch spitzzüngig wie sie, sie teilen auch das Interesse für klassische Literatur, das politische Desinteresse, die Abneigung gegen jeden höfischen Zwang und den Hang zu exzentrischen Spinnereien. *„In vielem war die Kaiserin Ludwig II. sehr ähnlich"*, erzählt später Sisis Lieblingsnichte Marie Larisch, „ [sie] *besaß im Gegensatz zu ihm jedoch die geistige und physische Kraft, überspannten Ideen nicht zu unterliegen."* Ludwig gilt bereits in den siebziger Jahren dem Wahnsinn näher als der Normalität.

Wann immer Elisabeth sich in Bayern aufhält, sucht Ludwig ihre Nähe. Wenn sie im Hotel Strauch in Feldafing absteigt, zieht er ins Schloß Berg, um schnell zu ihr reiten zu können. *„Zuerst sah man nur eine dichte Staubwolke, dann erschien der Vorreiter, gleich darauf der offene Wagen mit vier Pferden à la Daumont, für eine Visite auf dem Land etwas zeremoniell. Allein König Ludwig liebte es, sich mit Pracht zu umgeben"*, beschreibt Sisis Nichte Marie Larisch Ludwigs Besuche. *„Er saß allein im Fond und zwar in Zivil. Rasch und mit unmerklichem Kopfnicken für die Umstehenden entstieg er dem Wagen. Der Besuch dauerte zwei Stunden. Nie werde ich vergessen, wie König Ludwig dann vom Wagen aus die auf dem Balkon stehende Kaiserin grüßte, indem er mit unnachahmlicher Grandezza den Hut zog."*

Manchmal treffen Sisi und Ludwig auch auf seiner Roseninsel im Starnberger See zusammen. Und als sie einander verpassen, hinterläßt Elisabeth (im Juni 1885) ein Gedicht, das sie kurz vorher auf einer Nordseereise verfaßt hat, in Ludwigs Schreibtisch.

„Du Adler, hoch dort auf den Bergen,
Dir schickt die Möve der See
Einen Gruss von schäumenden Wogen
Hinauf zu ewigen Schnee ..."

Ludwig antwortet drei Monate später, nachdem er das Gedicht gefunden hat:
„Der Möve Gruss vom fernen Strand
Zu Adlers Horst den Weg wohl fand,

Er trug auf leisem Fittigschwung
Der alten Zeit Erinnerung ...“

Nicht immer ist das Verhältnis so rosig-poetisch: Als König Ludwig II. am Höhepunkt der Preußenkrise 1866 das politische Tagesgeschäft links liegen und statt dessen ein imposantes Feuerwerk auf seiner Roseninsel inszenieren läßt, schütteln nicht nur seine Minister den Kopf. *„Man fängt an, den König für irrsinnig zu halten“*, übermittelt der österreichische Gesandte aus Bayern nach Wien. Auch Elisabeth wirft dem Cousin und Freund fehlendes Pflichtbewußtsein vor: *„Ich höre, der König ist wieder weg. Wollte er sich doch ein wenig kümmern um die Regierung, jetzt wo so schlechte Zeiten sind!“*

Und als der Exzentriker die lange vereinbarte Hochzeit mit ihrer schönen Schwester Sophie platzen läßt, ist Sisi außer sich: *„Wie sehr ich über den König empört bin und der Kaiser auch, kannst Du Dir vorstellen“*, beklagt sie sich bei ihrer Mutter. *„Es gibt keinen Ausdruck für ein solches Benehmen. Ich begreife nur nicht, wie er sich wieder sehen lassen kann in München, nach allem, was vorgefallen ist.“* Froh sei sie nur, daß Sophie diese Blamage mit Fassung trage, denn *„glücklich hätte sie weiß Gott mit so einem Mann nicht werden können.“*

Letztendlich steht Elisabeth freilich wie sonst niemand aus der Verwandtschaft zu Ludwig. Vermutlich ist es gerade seine fortschreitende Geisteskrankheit, die sie anzieht. *„Die etwas sehr eigentümlich angelegte, sehr begabte Kaiserin hatte stets mehr Verständnis für ihren Vetter gehabt als andere Sterbliche“*, meint auch Fürst Philipp Eulenburg: *„Wenn sie stundenlang in ihrem Salon in einer Art Zirkuskleidung am Trapez arbeitete, oder plötzlich – nur mit einem langen Regenrock über Trikotkleidung angetan – von Feldafing nach München zu Fuß ging, eine Strecke von etwa 50 Kilometern* [...], *so ist es begreiflich, daß sie die Extravaganzen ihres Vetters, deren schlimmste Auswüchse wohl sicherlich nicht zu ihrer Kenntnis gelangt waren, ‚erklärbar' fand.“*

Als Ludwig im Juni 1886 schließlich von amtlicher Stelle für geisteskrank erklärt, aller Macht enthoben wird und seinem Leben ein Ende setzt, macht Elisabeth gerade Ferien in Feldafing. Der Tod des Cousins, der offiziell im Starnberger See ertrunken ist, nimmt sie so mit, daß die Familie vorübergehend um ihren Geisteszustand fürchtet. Ihren Vorwurf an die bayerische Regierung, den König in den Tod getrieben zu haben, läßt sie nicht mehr fallen: *„Das Lied, das Lied wird klingen“* dichtet sie,
„bis alle Mörder todt,
Es dringt das leise Singen
in ihre Sterbenot ...“

Zwei Jahre später wendet sich Elisabeth mit ihrem Gedicht *„Dem todten Adler“* noch einmal an ihren Cousin. Auch auf spiritistischem Weg sucht sie Kontakt zu ihm.

„Dich sah schon das Frühlicht in
schwindelnder Höh',
Nun liegst Du krepiert [Variante:
„erstarrt“]
auf dem Boden.
Du drängst dich bis in des Sonnen-
gott's Näh',
Das Mondlicht spielt jetzt mit den
Todten.

Und dennoch, ja dennoch beneide ich
dich,
Du lebtest den Menschen so ferne,
Und jetzt, dass die göttliche Sonne dir
wich,
Beweinen dich oben die Sterne.“

Elisabeth: Vermischte Gedichte, 1888

Zur Ehe nicht geschaffen: Ludwig II. läßt seine Verlobte Sophie, eine Schwester Elisabeths, kurz vor der Hochzeit sitzen.

> **„*Ich muß es von den Ziegen haben, deren Milch ich so gerne trinke. Ich sehe gar nicht darauf, wie die Touristen, wieviel Meter hoch ich steige, sondern ich will nur steigen. Das Steigen ist anziehender als jede erreichte Spitze.*"**
>
> Kaiserin Elisabeth zu ihrem Vorleser Constantin Christomanos

Wanderleidenschaft

Herzog Max hat ihre Liebe zur Natur, zu den Bergen geweckt, eine Liebe, die Elisabeth ein Leben lang nicht mehr losläßt. Als Kind schon hat sie den Vater auf seinen ausgedehnten Wanderungen in der bayerischen Voralpenlandschaft, sogar auf waghalsige Klettertouren begleitet. Später im Leben flieht sie vor den Menschen in die Berge: *„Ich dachte also, ich werde eine Gesellschaft suchen, die meine Ruhe nicht stört und mir Vergnügen bietet"*, erzählt sie einmal ihrer Hofdame Marie Festetics. *„Ich bin in mich selbst zurückgekehrt und habe mich der Natur zugewendet. Der Wald tut mir nicht weh ... Die Natur ist viel dankbarer als die Menschen."*

Die Berge und das Wandern sind vielleicht das einzige Interesse, das Kaiser und Kaiserin teilen. Auf einer Reise durch Österreichs Bergwelt findet das Paar im September 1856 nach einer ersten großen Ehekrise wieder zueinander. Franz Joseph in zünftigen Lederhosen, Elisabeth im Lodenkostüm, in festen Bergschuhen und mit Wanderstöcken, ziehen sie von Heiligenblut auf den Großglockner. Endlich außer Sichtweite der Schwiegermutter kann Elisabeth ihren Franzi davon überzeugen, daß sie sich selbst um die Erziehung ihrer Kinder kümmern will (was sie später – nach dem Tod der Erstgeborenen Sophie – doch aufgibt).

Letztendlich trennt das Ehepaar freilich auch die Natur: Während Franz Joseph zum Jagen in die Berge geht, entwickelt Elisabeth eine regelrechte Bewegungsmanie. In den achtziger Jahren treibt Elisabeth ihre Wanderleidenschaft schließlich im wahrsten Sinn des Wortes auf den Gipfel – und ihre konditionsschwachen Hofdamen in die Verzweiflung: Sie können mit dem behenden Laufschritt ihrer Majestät nicht mehr mithalten.

Von Bad Ischl etwa hetzt Sisi *„in sinnlosem Tempo"* auf die Zwieselalm.

„Wir rannten wie die Wiesel,
hinauf bis auf den Zwiesel,
doch keins von uns hieß Liesl",

notierte Tochter Marie Valerie ins Hüttenbuch. Ein andermal, am 25. August 1884, erklimmt sie – zu Fuß über den Fludergraben aus Ischl kommend – zum ersten Mal den Loser. Und im Juni 1888 läßt sie sich vom Kriag Steffl, einem ihrer Bergführer, in nur zehn Stunden über das Tote Gebirge lotsen – im Schlepptau zwei Jäger, zwei Träger, ihren Leiblakaien Joseph Komarek und die übergewichtige Hofdame Gräfin Sarolta Mailáth. Sisi: *„Ich kann auf den höchsten und einsamsten Höhen der Berge athmen, freier athmen, wo andere sich verloren fühlen würden."*

Anders als die meisten Bergsteiger macht Sisi ihre Bergtouren nicht vom guten Wetter abhängig. Im Gegenteil: Bei feuchtkaltem Schneeregen scheint sie sich besonders wohl zu fühlen: *„Mir ist so ein Wetter* [es regnet nassen Schnee] *am liebsten. Denn es ist nicht für die anderen Menschen. Ich darf es ganz allein genießen"*, schwärmt Sisi, *„es ist eigentlich nur für mich da, wie die Theaterstücke, die sich der arme König Ludwig allein vorspielen ließ. Nur ist es hier draußen noch großartiger. Es könnte eigentlich noch tolleren Sturm geben, dann fühlt man sich so nahe allen Dingen, wie in Conversation."*

Sisi hetzt nicht blind über die Berge, sondern hat ein offenes Auge für die Schönheiten der Natur. Die Berg- und Seenlandschaft des Salzkammerguts wird ihr zur Seelenlandschaft, in der sie Gedichte schreibt. Und auf der Hütteneck-Alm oberhalb von Goisern besitzt die Kaiserin seit 1880 ein eigenes „Aussichtssalettl". Von dort bietet sich ihr ein imposanter Blick auf den Dachstein, *„aller Gletscher Fürsten"*, der zu jener Zeit nur wenigen hervorragenden Hochalpinisten zugänglich ist und Sisi zu einem Gedicht anregt:

„Und stünde es in meiner Macht,
Ich trüg´ dich an die See;
Du säh´st dann endlich deine Pracht
Und deinen ew´gen Schnee."

Auf der Suche nach Einsamkeit: Über Elisabeths Bergleidenschaft schüttelt ganz Österreich und Bayern den Kopf. Die schöne Kaiserin läßt sich in ihrer Vorliebe nicht beirren.

„Es gibt so wenige Plätze auf der Erde, [...] die nicht abgetreten sind und somit ihren ursprünglichen Charakter unentweiht bewahrt haben. Darunter rechne ich die Gipfel der Berge [...]. Auch die Hügel genügen; sie sind immerhin Inseln der Einsamkeit."

Elisabeth zu Constantin Christomanos

Weidelandschaft in Irland

Zwischen England und Irland: die beste Reiterin Europas

Kühne Reiterin: Elisabeth als junges Mädchen hoch zu Roß vor Schloß Possenhofen am Starnberger See.

> ***„Einer der vielen Vorzüge Irlands ist auch der, daß es keine Herrschaften hat."***
>
> Kaisern Elisabeth 1880 in einem Brief an ihre Mutter

Es ist der Reiz der Parforcejagden, der die leidenschaftliche Reiterin Elisabeth in den siebziger Jahren mehrmals nach England und Irland führt. Auf den Geschmack bringt sie ihre Schwester Marie: Die Exkönigin von Neapel geht mit der Mode und legt sich schon Anfang der siebziger Jahre ein Jagdhaus in England zu. 1874 lädt sie Sisi auf die Isle of Wight ein. Unter dem Vorwand, Töchterchen Marie Valerie habe dringend Seebäder nötig, folgt die Kaiserin der Einladung. Wie später so häufig reist sie inkognito – unter dem gräflichen Namen „von Hohenembs". Höflichkeitsbesuchen bei der englischen Königsfamilie entkommt sie trotzdem nicht. *„Die schöne Kaiserin ist eine sehr sonderbare Person was ihre Tageseinteilung betrifft ..."*, bemerkt denn auch Kronprinzessin Viktoria, die älteste Tochter der Queen. *„Sie diniert um 4 und reitet den ganzen Abend ganz allein und niemals kürzer als drei Stunden lang und wird wütend, wenn irgend etwas anderes geplant ist."* Sogar bei einem Kurzbesuch in London findet Sisi Zeit für einen Ausritt – durch den Hyde Park.

Gemeinsame Leidenschaft: Seite an Seite zu Pferd sieht man das Kaiserpaar – obwohl sowohl Sisi als auch Franz Joseph hervorragende und leidenschaftliche Reiter sind – selten. Hier als Jungvermählte im Lainzer Tiergarten.

Zum Reiten ist Sisi schließlich nach England gekommen – und dazu gehört auch, die internationale Gesellschaft der Jagd- und Rennreiter kennenzulernen, in der ihre Schwester Marie verkehrt, und berühmte Gestüte zu besuchen. *„Sehr schöne Pferde sah ich auch, aber alle sehr teuer“*, schreibt Sisi ihrem Mann über die so begehrenswerten englischen Jagdpferde. Dagegen sind die Tiere, die sie bisher zu reiten gewohnt war, freilich lahme Gäule. *„Das ich am liebsten haben möchte, kostet 25.000 Fl. also natürlich unerreichbar“*, bedauert Sisi. Doch vierzehn Tage später besitzt sie bereits ein derart kostbares Jagdpferd. Die reiche Engländerin Lady Dudley hat es sich nicht nehmen lassen, der Kaiserin, seit frühester Kindheit eine hervorragende Reiterin, eines zu schenken. Und hat sie damit ihrem Ziel einen entscheidenden Schritt näher gebracht: Sisi will selbst englische Parforcejagden, die schnellsten und schwierigsten überhaupt, reiten. Mehr noch: Sie will die beste Reiterin Europas werden – und was die ehrgeizige Kaiserin sich vornimmt, das setzt sie auch durch.

Schon als Kind weiht sie ihr Vater in die Kunst des Reitens ein; als junges Mädchen läßt sie kaum einen Tag vergehen, an dem sie nicht hoch zu Roß sitzt. *„Ich habe, wie Sie es mir rieten, die Schwiegermama gebeten, daß Sisi nicht zuviel reiten möge“*, schreibt der Kaiser seiner Mutter am 17. Oktober 1853 von einem Besuch bei seiner Braut, *„doch glaube ich, wird es schwer durchzusetzen sein, da Sisi es ungern aufgibt.“*

Von Aufgeben kann auch nach der Hochzeit keine Rede sein. In Wien zählen Sisis Ausritte an der Seite des Generaladjutanten Graf Carl Grünne in den Praterauen vielmehr zu den wenigen Lichtblicken ihres Lebens. Um so härter trifft es sie, als sie das Reiten wenige Wochen später tatsächlich aufgeben muß. Sisi ist schwanger und muß sich schonen.

Eine vorübergehende Pause: Schon kurz nach der Geburt reitet sie wieder. Und als sie beispielsweise in Madeira weilt, scheint sie kaum etwas an Wien so sehr zu vermissen wie ihre Pferde. *„Ich bitte, schreiben Sie mir auch recht ausführlich über unsere Pferde, wie sehr mir das ordentliche Reiten abgeht, kann ich Ihnen gar nicht sagen. Ich kann den Augenblick gar nicht mehr erwarten, wieder auf dem Forester oder der Red Rose zu sitzen, das stundenlange Schrittreiten auf dem schrecklichen Pflaster hier, und dazu die furchtbaren Pferde ist ärger wie gar nicht reiten, aber am Ende doch die einzige Art, um ein wenig weiter zu kommen“*, fleht Sisi Graf Grünne an, der nicht nur der Chef der kaiserlichen Stallungen ist, sondern darüber hinaus wahrscheinlich auch der beste Pferdekenner seiner Zeit.

Die Sehnsucht nach ihren Wiener Pferden ist freilich vergessen, als Sisi sich angewöhnt, in Ungarn zu reiten. Der Pusztasand in der Umgebung von Gödöllö ist für stundenlange Ausritte wie geschaffen, die Pferde sind schneller und wilder, die Treibjagden herausfordernd. *„Es soll großartig sein, sie an der Spitze aller Reiter und stets an den gefährlichsten Stellen zu sehen"*, berichtet die Frau des damaligen belgischen Gesandten. *„Die Begeisterung der Magyaren kennt keine Grenzen mehr, sie brechen sich den Hals, um ihr näher zu folgen. Der junge Elemér Battyány hat fast sein Leben gelassen, glücklicherweise ist nur sein Pferd getötet ..."*

Weniger gefährlich zwar, aber ein Abenteuer besonderer Art sind Sisis Ausritte mit ihrer Nichte Marie Larisch. *„Ich genoß in vollen Zügen die langen Ritte mit der Kaiserin"*, erzählt diese, *„die bisweilen einen Gefallen daran fand, sich als Knabe zu verkleiden. Natürlich mußte ich ihrem Beispiel folgen; doch ich entsinne mich noch der Scham, die mich marterte, als ich mich zum ersten Mal in Hosen sah. Elisabeth bildete sich ein, daß diese verrückte Laune in Gödöllö nicht allgemein bekannt war ..."* Jedenfalls legt Sisi keinen Wert darauf, was andere über sie denken – auch nicht, als sie sich in Gödöllö, wie einst ihr Vater Max in seinem Münchner Palais, eine Manege bauen läßt und Kunst- und Dressurreiten bis zum Umfallen trainiert. *„ [...] jetzt kann Mama auf dem Pferd schon durch zwei Reifen springen"*, beobachtet auch Tochter Marie Valerie, der die Kaiserin übrigens zeitlebens verbietet, auf ein Pferd zu steigen.

Nachdem Sisi englische Jagdluft geschnuppert hat, befriedigt sie das Reiten in der Puszta auf ihren ungarischen Pferden freilich nicht mehr. Von nun an beschäftigt sie sich mit dem Reit- und Springtraining auf dem geschenkten englischen Luxuspferd – in Gödöllö ebenso wie auf der Rennbahn in der Wiener Freudenau. Um – wie es ihr Traum ist – an englischen Treibjagden teilzunehmen, genügt ihr dieses eine Pferd jedoch längst nicht. Ein ordentlicher Parforcereiter braucht gleich mehrere exzellente Jagdpferde – und die kann sich die Kaiserin nicht leisten. *„Deine Pferde hier sind alle nichts nutz, langsam und matt"*, wird sie Franz Joseph später mitteilen, *„hier braucht man ganz anderes Material."* Als Franz Joseph 1875 das gesamte Vermögen seines geistesschwachen Onkels Ferdinand erbt, der 1848 zugunsten des Neffen auf den Thron verzichtet hat, steht der Erfüllung von Sisis Traum nichts mehr im Weg.

Bevor sie sich aber zur angelsächsischen Reiterelite wagt, etwa ins englische Northamptonshire oder in die irische Grafschaft Meath, trainiert sie im Sommer 1875 in der Normandie – und stürzt prompt vom

Spazierritt im Wiener Prater: Kaiserin Elisabeth mit Zylinder an der Seite ihres Sohnes Kronprinz Rudolf bei einem Ritt vom Lusthaus (im Hintergrund) durch die Prater-Hauptallee in Richtung Stadt.

Kein Tag ohne Reiten (oben): Im Jahr 1874 folgt Sisi der Einladung ihrer Schwester Marie nach England. Hier kehrt Elisabeth nach einem vielbestaunten Ausritt durch den Londoner Hyde Park zur österreichischen Gesandtschaft zurück.

Ausritt zur dritt: Dieser bisher unbekannte Schnappschuß zeigt Elisabeth, Franz Joseph und Kaiserin Eugenie vor einem gemeinsamen Spazierritt. Stallburschen halten die Pferde fest.

Waghalsige Kaiserin im hautengen Reitdress (gegenüber): „Sie sah hinreißend aus und ritt wie ein Engel“, schwärmt John Welcome in „Die Kaiserin hinter der Meute“. Sisi – hervorragend trainiert und vom sportlichen Ehrgeiz besessen – schreckt vor keinem Hindernis zurück, und mag es noch so schwierig sein.

Pferd. Auch eine Gehirnerschütterung samt vorübergehender Bewußtlosigkeit kann Sisi nicht von ihrem Ziel abbringen. *„Es tut mir leid, daß ich Dir diesen Schreck machte"*, entschuldigt sich Sisi, die mit ihrer Tochter Valerie im Schloß von Sassetôt abgestiegen ist, nachher bei Franz Joseph. *„Aber auf solche Unfälle sind wir ja doch eigentlich beide immer gefaßt. [...] Ich lege meinen Stolz darein, zu zeigen, daß ich eines solchen Rumplers wegen nicht das Herz verloren habe."*

In den darauffolgenden Jahren steckt Sisi all ihre Energie in die halsbrecherischen Reitjagden. *„Andere Menschen reiten viermal in der Woche"*, hält Marie Festetics fest. *„Wir reiten alle Tage!"* Zwischen 1876 und 1878 verbringt sie jeweils ein paar Wochen in England und nimmt an spektakulären Fuchsjagden teil, in den beiden darauffolgenden Jahren in Irland sogar an den noch gefährlicheren Hirschjagden. 1881 und 1882 reitet sie – weil Franz Joseph sie bittet, das gespannte Verhältnis zum englischen Königshaus nicht weiter zu provozieren und dem katholischen Irland fernzubleiben – abermals in England.

Schon 1876 wird der Offizier William George „Bay" Middleton als Pilot der Kaiserin für die Jagden engagiert. Erst nimmt er die Aufgabe nur widerwillig an – was soll er mit einer langweiligen Festlandmonarchin! Dann entwickelt sich eine jahrelange intensive Freundschaft – man kann es besser ein Liebesverhältnis nennen, auch wenn es wieder nur platonisch bleibt – zwischen dem forschen, rothaarigen Schotten mit dem derben Humor und der grazilen Kaiserin. Er rügt und lobt sie für Fehler und Erfolge zu Pferd, er hebt sie in den Sattel und zieht sie – wenn sie fällt – aus dem Dreck. Er flößt ihr Respekt ein – und schließlich, als sie immer häufiger zur Siegertruppe gehört, sie ihm. *„Als die Hunde zu laufen begannen, war im wahrsten Sinn des Wortes kein Zaun zu hoch, der die Kaiserin in ihrem Ritt aufgehalten hätte"*, kommentiert H.D. Nethercote, einer der Teilnehmer, Elisabeths ungewöhnliche Triumphe.

Ihren Aufenthalt beschließt Elisabeth in der Regel mit einem großen Fest, auf dem es keine Klassenunterschiede gibt. Stallburschen sind ebenso geladen wie jagdfeste Aristokraten und Diplomaten. Die Engländer lieben sie dafür. Andere Gäste rümpfen wieder einmal die Nase. *„Diese Frau ist wirklich verrückt. Wenn sie nicht die Republik in Österreich herbeiführt, dann sind dessen Bewohner noch sehr brave Leute"*, kommentiert die Frau des belgischen Gesandten: *„Sie lebt ausschließlich für ihr Pferd. Es wäre ein Glück, wenn sie einen Arm so bräche, daß er unheilbar bliebe."*

Dazu braucht es gar nicht zu kommen. Sisis Interesse für die *„Englandhetzerei"*, wie es ihre Hofdame Marie Festetics ausdrückt, läßt auch so nach. Grund dafür ist der – erzwungene – Abschied von Bay Middleton. Schon bei der Ankunft zu ihrem fünften und letzten Reitaufenthalt in England im Februar 1882 erfährt sie, daß er sie nicht mehr pilotieren wird. Er steht vor seiner Hochzeit und muß auf Wunsch der Braut alles unterlassen, was den Tratsch, der seit Jahren um ihn und die Kaiserin blüht, wieder zum Wuchern bringt. Mit ihrem neuen Piloten, Major Rivers-Bulkeley, kann Sisi sich jedoch nicht anfreunden, erstmals läßt sie Ausritte ausfallen. Schwer enttäuscht beschließt die nun Dreiundvierzigjährige, aus England abzureisen. Sogar ihre englischen Reitpferde läßt sie verkaufen. Vorher aber nimmt sie noch Abschied von Bay Middleton, ein Abschied, der eine tiefe Wunde bei der Kaiserin hinterläßt, eine weitere tiefe Wunde. *„Warum kann ich mir bei einem Hindernis nicht das Genick brechen und ein für allemal Schluß machen?"* beschwört sie ihre Nichte unter Tränen. Die heimlichen Briefe, die in den folgenden Jahren bis zu Middletons Tod 1892 – er bricht sich bei einem Pferderennen das Genick – zwischen ihm und Sisi hin und her wandern, sind ein schwacher Trost für die Kaiserin.

Mitte der achtziger Jahre gibt sie das Reiten überhaupt auf: Sie bekomme, klagt sie, immer häufiger Kopfschmerzen davon. Ein wichtiger Lebensabschnitt ist ein für allemal beendet.

1887 blickt die unglückliche Kaiserin, die ihren Bewegungsdrang nun auf ausgedehnten Fußmärschen zu befriedigen sucht, in ihrem Gedicht „An die Zukunftsseelen" noch einmal wehmutsvoll auf ihre Reitkarriere zurück:

„...Einst jagt´ ich rastlos hin auf dieser Erde,
Eng ward mir selbst der weisse Pusztasand,
Der Meer trug mich und meine stolzen Pferde
Hinüber bis an Erins grünen Strand.

Fast ging die Seele mir dabei verloren;
Es war ein Rasen ohne Ruh´ und Rast;
Doch eine andre hatte sie erkoren,
Von dieser ward auf ewig sie umfasst.

Das Pferd, dies irdisch Kleinod meiner Seele,
Durch höhre Mächte ward es mir vertauscht;
Es trat das Flügelross an seine Stelle,
Und meine Seele flog nun wie berauscht ..."

Hoch zu Roß: die Kaiserin in perfekter Haltung.

Villa Waldruh: So heißt die spätere Hermesvilla im Lainzer Tiergarten im ersten Entwurf. Ursprünglich ein Jagdschloß des Kaisers, verklärt sich das neobarocke Gebäude zu „Titanias Zauberschloß“.

Sommernachtstraum: Elisabeths prunkvolles Schlafzimmer in der Hermesvilla gestaltet der Künstler Hans Makart, der bei seinen Entwürfen Elisabeths literarische Lieblingsfigur, die Feenkönigin Titania, vor Augen hat. Elisabeth soll bei der ersten Besichtigung entsetzt den Kopf geschüttelt haben. Möglicherweise übernachtete sie kein einziges Mal in diesem Bett.

Die Hermesvilla im Lainzer Tiergarten

Als der Kaiser seiner Frau 1884 die Hermesvilla schenkt, hat er nur eines im Sinn: Sisi endlich wieder an sich und seine nächste Umgebung zu binden. *„In unmittelbarster Nähe der Reichshauptstadt und doch schon in stiller Weltabgeschiedenheit, inmitten eines herrlichen Naturparkes ...“*, so wird die Villa im Lainzer Tiergarten bei Hietzing, in einer Jubelschrift anläßlich des fünfzigjährigen Kronjubiläums des Kaisers 1898, im Todesjahr der Kaiserin, beschrieben.

Tatsächlich liegt die Hermesvilla, ein für damalige Zeiten überaus moderner Bau, mitten in des Kaisers Jagdgebiet, den Ausläufern des Wienerwaldes, einem Reservoir seltener Pflanzen und Tiere, und ist urspünglich als „Jagdvilla seiner Majestät“ gedacht. *„Sobald man aber das Innere der Villa betritt“*, heißt es weiter in der Jubelschrift, *„predigt es von allen Wänden und Decken, daß man sich hier im Wohnsitze eines Herrscherpaares befindet, welchem die Kunst zu einem Herzensbedürfnis geworden ist, das es auch in dem trauten Familienheim, in der stillen Einsamkeit des Landlebens nicht entbehren kann und will.“*

Sicher in bester Absicht läßt Franz Joseph Sisis Räumlichkeiten gestalten: Szenen aus Shakespeares „Sommernachtstraum“, Sisis Lieblingsstück, zieren die Wände des Schlafzimmers, die Einrichtung ist an Üppigkeit kaum zu überbieten. Den Geschmack der Kaiserin trifft es aber ganz und gar nicht. Sie schüttelt bei der ersten Besichtigung nur fassungslos den Kopf. Ihre Tochter Valerie ist weniger zurückhaltend: *„Diese Marmorreliefs, diese üppigen Teppiche, Kamine in getriebener Bronze, diese zahllosen Engel und Amoretten, das Schnitzwerk an allen Ecken und Enden, dieser manierierte Rokokostil!“* stöhnt sie. *„Ich wollte, wir wären wieder daheim.“*

Auch für Elisabeth wird die Hermesvilla niemals zu einem „Daheim“. 1888 nimmt sie kein Blatt mehr vor den Mund: *„Das nennt man nach Hause kommen“*, stellt sie – und ihr Hohn ist nicht zu überhören – an einem ihrer seltenen Pflichtbesuche fest, *„zu Hause ist man doch nur dort wo die Natur schön und die Menschen lustig sind.“*

Lipizzanerparade vor der Hermesvilla: 1911 wird das Schloß an das Hofärar verkauft, 1922 geht es an die Verwaltung des Kriegsgeschädigtenfonds, 1938 an die Stadt Wien. In den sechziger Jahrem dreht Walt Disney auf dem Gelände der Hermesvilla den Film „Die Flucht der weißen Hengste“.

Einsame Bucht auf Korfu

Liebe ihres Lebens: Korfu

„Das ist mein Asyl, wo ich mir ganz gehören darf“, sagt Elisabeth zu ihren Gästen, die sie durch ihr Refugium auf Korfu führt. Hoch über der Küste der Insel in ihrem 1891 fertiggestellten Schloß „Achilleíon“ gibt sich die Kaiserin der – wieder nur vorübergehend gehegten – Hoffnung hin, ihre Seelenruhe finden.

Schon dreißig Jahre vorher hat Sisi Freundschaft mit ihrer „Schicksalsinsel“ geschlossen. Im Jahre 1861 macht sie – auf der Heimreise von Madeira – erstmals Station auf Scheria, wie die Kaiserin die Insel Korfu in Anlehnung an Homer in ihren späteren Gedichten nennt, oder Kérkira, wie die Neugriechen sagen. Schon einen Monat später kehrt sie wieder und bleibt für vier weitere, so gut gefällt ihr die Insel, die vierhundert Jahre unter venezianischer Herrschaft stand. „*Mein Leben ist hier noch stiller als auf Madeira*“, schreibt Sisi an Erzherzog Ludwig. „*Ich sitze am liebsten am Strand auf den großen Steinen – die Hunde legen sich ins Wasser – und schaue mir den schönen Mondschein an.*“ Das üppige Grün der Landschaft, die sanften Berge, das klare weite Meer – die Schönheiten der Natur geben der physisch und psychisch kränkelnden Kaiserin neue Kraft. „*Das Meer ist mein Beichtvater, den ich täglich aufsuchen muß*“, sagt sie viele Jahre später zu ihrem griechischen Vorleser Constantin Christomanos. „*Es macht mich wieder jung, weil es alles Fremde von mir nimmt und mir seine Gedanken gibt. Es kann selbst nicht sterben und deswegen verjüngt es alles um sich. Von ihm kommt meine ganze Weisheit her.*“

Spektakuläre Lage: Elisabeths im Zypressenwald eingebettetes Achilleíon mit Blick auf die Odysseusinsel und über das Meer.

„Wir sind ein Stück dieser Welt, warum wollen wir soviel wissen und grübeln. Glauben Sie, dass die Ölbäume darüber nachdenken, warum die Mohnblumen roth sind, oder warum die Wolken abends leuchten? Auch die Felsen machen sich keinen Begriff von der Meteorologie. Alle diese Dinge leben in einer Tiefe, wo es keine Geheimnisse gibt – weil sie alle miteinander und ineinander leben; nur wir haben uns außerhalb der Welt gestellt; wir haben alle Brücken und Bande abgebrochen.“

Wahre Schwesternliebe: Elisabeths ältere Schwester „Nene“, die eigentlich Kaiserin von Österreich werden sollte, besucht die kränkelnde Sisi 1861 auf Korfu. Franz Josephs Entscheidung für Elisabeth hat die Freundschaft zwischen den beiden Schwestern nicht zerstört.

In den folgenden zwei Jahrzehnten verschlägt es Sisi nur ein einziges Mal – 1876 oder 1877 – nach Korfu. Ihre Reitleidenschaft gibt während dieser Zeit ihren Lebensrhythmus und ihre Aufenthaltsorte vor. Erst als sie das Reiten Mitte der achtziger Jahre aufgibt, kann sich ihre Griechenlandliebe voll entfalten. Eine Liebe, die sie von ihrer Familie mitbekommen hat. Schon ihr Vater Max hat Hellas bereist und sich mit seiner Kultur auseinandergesetzt; ihr Cousin Otto hat nicht nur für das Land geschwärmt, sondern es zwischen 1832 und 1862 auch als König regiert. *„Korfu ist ein idealer Aufenthalt“*, schreibt Elisabeth 1888 an ihren Mann, *„Klima, Spaziergänge im endlosen Olivenschatten, gute Fahrwege und die herrliche Meeresluft ...“* Seit drei Jahren kommt sie wieder regelmäßig auf die Insel, und so soll es auch bleiben: Immer dringender wird ihr Wunsch nach dem Rückzug aus der Welt; das paradiesische Korfu soll ihre *„Zukunftsheimat“* sein.

Von da an versenkt sich Elisabeth ganz in die griechische Geschichte und Mythologie, egal ob sie gerade auf Korfu weilt oder anderswo unterwegs ist. Sie liest Homer und beginnt – um den großen Meister im Original lesen zu können – Altgriechisch zu studieren. *„Griechisch ist diejenige Sprache, [...] in der meine Gedanken und Worte wie schöne Wesen mir entgegenkommen, um mir eine ungeahnte innere Welt zu eröffnen“*, schwärmt sie, *„Der Anblick derselben macht mich das Außenliegende vergessen.“*

Tatsächlich soll sie das Sprachstudium auch von depressiv stimmenden Grübeleien abhalten. *„Es ist so heilsam, sich mit etwas recht Schwerem plagen zu müssen, um darüber die eigenen Gedanken zu vergessen.“*

Schließlich wendet Elisabeth sich jedoch dem – lebendigen – Neugriechisch zu. *„Wenn die Griechen griechisch sprechen, so ist es wie Musik“*, sagt sie. Sisi will vor allem das Volk verstehen. *„Der einzige Grund meines Vorzuges für die volkstümli-*

Sterbender Achilles: Elisabeth läßt das Monument vom Park der Hermesvilla nach Korfu schaffen.

„Doch kehr´ ich heim in deine Buchten, wenn mir des Lebens Sturm missfällt, Was ich und meine Möven suchten, hier find ich´s – Ruhe vor der Welt.“

Abgeschirmter Tempel: Ein schweres Eisentor, in das Elisabeth in griechischen Lettern „Achilleíon“ schmieden läßt, sperrt ungebetene Gäste aus ihrem Refugium aus.

Poetische Sisi: „Sehen Sie [...], wo eine Insel sich ausbuchtet, dort vertiefen sich lieblich alle Traurigkeiten der Welt."

Wahlheimat Korfu (rechts): Ein Erinnerungsblatt nach Elisabeths Tod verbindet ihre schönsten Porträts mit ihrer geliebten Odysseusinsel.

che Sprache ist, daß ich die von neunzig Prozent der Bevölkerung gesprochene Sprache zu sprechen wünsche und nicht die der Professoren und Politiker", sagt Sisi, geprägt von ihrem Vorbild Heinrich Heine. *„Wenn ich etwas verabscheue, so ist es die Verstellung in Gedanken, Schriften oder anderem."*

Wie sehr sie sich zu den sogenannten einfachen Griechen hingezogen fühlt, erklärt sie auch ihrem Vorleser Christomanos. *„Es gibt aber Menschen, die mir ebenso angenehm sind wie die Bäume und das Meer, weil sie ebenso sind wie die Bäume und das Meer. Das sind die Fischer, die Landleute und die Dorfnarren, Leute, die wenig unter den vielen Menschen sich bewegen und viel mit den ewigen Dingen verkehren. Sie geben mir mehr als ich ihnen je als Kaiserin geben könnte. Deswegen verlasse ich sie immer mit großer Dankbarkeit: sie befreien mich von etwas Fremdem und Beengendem, was an mir haftet und mich bedrückt."* Auch den schweigsamen Fährmann, der sie so oft zu der dem Achilleíon vorgelagerten Insel, die sie liebevoll „Odysseusinsel" nennt, schippert, bewundert und schätzt sie. *„Es ist unten ein Fährmann, der ganz wie der Charon aussieht"*, sagt sie zu Christomanos. *„Ich lasse mich von ihm zum Eiland rudern, wie eine sehnsüchtige Seele. Wenn ich hinunterkomme, löst er gleich sein Boot, ohne ein Wort zu sprechen. Und ich besteige es und schweige ebenfalls."*

Am liebsten ist Elisabeth auf Korfu allein. Zu ihren wenigen engen Begleitern zählen wechselnde Griechischlehrer und Vorleser, die sie auf ihren ausgedehnten Spaziergängen über die Insel unterhalten. Schon bei ihrem Aufenthalt 1885 sucht sie die Nähe zu Alexander von Warsberg, dem österreichischen Konsul auf Korfu. Als Sisi den profunden Griechenlandkenner bitten läßt, ihr als eine Art wissenschaftlicher Führer Griechenland zu erschließen, ist Warsberg alles andere als erfreut: Sie sei

„häßlich, alt und spindeldürr aussehend", stellt er nach der ersten Begegnung mit der Kaiserin fest, und zudem *„schlecht angezogen"*. Hält er sie aber anfänglich auch *„nicht für eine Närrin, sondern für eine Wahnsinnige"*, so kann er sich ihrer Anziehungskraft schließlich doch nicht entziehen: *„Sie ist bezaubernd liebenswürdig, kann der Frau nicht widerstehen ..."*, notiert der Verliebte in sein Tagebuch.

Die innige Freundschaft zwischen Elisabeth und Warsberg ist allerdings von kurzer Dauer: 1889 stirbt der Freiherr. Kurz vorher hat er noch mit der Planung einer Villa für seine Freundin begonnen.

Im Jahr darauf kauft Franz Joseph, der seine Frau nach wie vor anbetet und hofft, sie von den waghalsigen Reisen abhalten und seßhaft machen zu können, auf Sisis Wunsch die baufällige Villa Braila und insgesamt 200 000 Quadratmeter Land dazu. Die Kaiserin hat das Haus bei früheren Aufenthalten bewohnt und war von Lage und Ausblick begeistert.

Nach Sisis Vorgaben wird aus der Villa Braila ein Palast, der sich an keine Stilkriterien hält. Statt dessen treffen alle Kunstformen der Antike aufeinander, klassische Formen paaren sich mit üppigen spätrömischen, ionische Säulen kommen neben dorischen zu stehen, die Inneneinrichtung erstrahlt in pompejanisch pompösem Glanz. *„Ich möchte einen Palast mit Säulenhallen und hängenden Gärten"*, schwärmt Sisi, *„vor unberufenen Blicken geschützt – märchenhaft, hochmütig, heilig."* Um den Palast sind Gärten angelegt, zwischen Zypressen, Lorbeerbäumen und Blumenbeeten läßt Elisabeth zahlreiche Monumente, Statuen und Springbrunnen aufstellen, sogar die Grotten auf ihrem Anwesen läßt sie schmücken, und in dem Olivenhain, der das Grundstück zum Meer hin begrenzt, läßt sie ein Zeltdach aufziehen, unter das sie sich zurückziehen kann. In diesem grünen Paradies möchte sie beigesetzt werden: *„Ich will nämlich, dass man mich hier begrabe, wenn ich nicht einmal im Meer ertrinken sollte. Hier werde ich über mir nur die Sterne haben, und die Zypressen werden genügend seufzen um mich, mehr als die Menschen je tun möchten: in ihren Klagen werde ich ewiger leben als im Gedächtnis meiner Untertanen."*

„Ich habe schon viel Schönes gesehen, doch gibt's nichts Schöneres auf der Welt als dieses Scheria [Homers Bezeichnung für Korfu]. Beim Sternenhimmel ist es noch schöner."

Kaum ist das Achilleíon fertiggestellt, möchte Elisabeth das Gebäude, von dem ihr Obersthofmeister Baron Nopcsa so schwärmt, allerdings wieder loswerden. *„Die Schönheit des Hauses besteht darin, daß es gelungen ist, den pompejanischen Stil mit der heutigen Bequemlichkeit zusammen zu verbinden, kein Gold und gewöhnte Pracht"*, stellt

Schmerzerfahrene Sisi: „Man muß sich, um mit dem Leben auszukommen, schließlich zu einer Insel machen." (Pastell von Friedrich August von Kaulbach, nach 1898.)

Nopcsa fest, *„alles einfach aber dem Kenner sehr reich, da viel Kunst dabei ist [...] ein Objekt, welches die Fremden hierher ziehen wird, um diese Seltenheit zu sehen."* Als hätte er eine Vorahnung, fügt er hinzu: *„Mich stimmt nur der Gedanke traurig, welche Zukunft es haben wirdt und für wen?"*

1897 läßt Elisabeth die Villa tatsächlich zum Verkauf ausschreiben – gegen den Willen des Kaisers. Franz Joseph ahnt wohl, daß kein Käufer bereit sein wird, für die extrem hohen Umbaukosten aufzukommen. Sisi jedoch geht ihre Freiheit über alles: *„Unsere Träume sind immer schöner, wenn wir sie nicht verwirklichen. Als ich das erstemal in Korfu war, habe ich die Villa Braila oft besucht; sie war herrlich, weil sie inmitten ihrer großen Bäume ganz verlassen war. Das hat mich so zu ihr hingezogen, daß ich aus ihr das Achilleíon gemacht habe. Eigentlich bereue ich es jetzt [...]. Wo immer ich wäre, wenn ich mir sagen würde, ich müsse immer dort bleiben, dann würde auch das Paradies für mich zur Hölle werden."*

„Mein Meister, da bist Du": Nach dem Scheitern des Planes für ein Heinrich-Heine-Denkmal in Düsseldorf läßt Elisabeth im Schloßpark ihres Achilleíons einen „privaten" Heine-Tempel errichten.

Heinrich Heine

Schon ihr Vater Max war ein glühender Verehrer Heinrich Heines. Und auch Kaiserin Elisabeth fühlt sich zu dem am Wiener Hof geächteten Dichter hingezogen. In seinen Werken findet sie ihre Empfindungen wieder. Empfindungen, die sie mit sonst niemandem teilen kann: ihr Heim- und ihr Fernweh, ihren Freiheitsdrang, ihre Unverstandenheit. Mit seiner scharfen Kritik am höfischen Leben spricht der jüdische Dichter ihr aus der Seele, seine Bücher sind ihre ständigen Reisebegleiter. Heine ist nicht nur ihr dichterisches Vorbild, sie sucht auch spiritistischen Kontakt zu ihm. Und, so ist sie überzeugt: er diktiert ihr aus dem Jenseits. *„Sie fand eben in Heine die Verachtung aller Äußerlichkeiten, die sie so tief empfand, sie fand die Bitterkeit, mit der ihr schweres, einsames Schicksal sie erfüllte, und den Schalk, der ihr selbst in dem Nacken saß und ihr so originelle und überraschende Äußerungen entlockte"*, wußte Königin Elisabeth von Rumänien, Sisis Dichterfreundin „Carmen Sylva", zu erzählen. *„Es war sehr natürlich, daß sie unter allen Dichtern Heine am liebsten haben mußte, weil er eben auch so verzweifelt ist über alle Unwahrheit der Welt und gar nicht genug Worte findet, um das Hohle darin zu geißeln!"*

In einer Zeit, in der der religiös begründete Judenhaß vom vermeintlich „rassischen" abgelöst und die – 1879 geprägte – Wortkreation „Antisemitismus" langsam, aber sicher in den Wortschatz der Allgemeinheit übergeht, setzt Elisabeth sich öffentlich für die Errichtung eines Heine-Denkmals ein. 12.950 Mark stiftet sie für die Statue ihres „Meisters", die in Düsseldorf aufgestellt werden soll – und sorgt damit für einen politischen Skandal: Sie würde das *„unverfälscht germanische Wesen, die deutsche Eigenart und die deutsche Sitte untergraben"*, muß sie sich von der deutschnationalen Presse vorwerfen lassen. Fürst Bismarck fühlt sich vor den Kopf gestoßen, daß die Kaiserin eines befreundeten Staates einen erklärten Preußenhasser öffentlich ehren will.

Zur Enttäuschung ihres Sohnes Rudolf, der für Toleranz gegen die Juden eintritt, zieht sich Elisabeth kommentarlos aus dem Komitee der Denkmal-Förderer zurück. Vermutlich will sie auch Kaiser Franz Joseph nicht in Schwierigkeiten bringen. Eine politische Auseinandersetzung interessiert sie jedenfalls nicht, ihr geht es allein um einen persönlichen Liebesbeweis für ihren Dichtermeister. *„Die Journalisten rechnen es mir sehr hoch an, dass ich eine Verehrerin von Heine bin; sie sind stolz darauf, dass ich ihren Heine liebe, aber ich liebe an ihm seine grenzenlose Verachtung der eigenen Menschlichkeiten und die Traurigkeit, mit der ihn die irdischen Dinge erfüllen."*

Und so läßt sie eben ihr eigenes Heine-Denkmal errichten, das seinen Platz in einem kleinen Tempel im Garten des Achilleions bekommt. Die Kaiserin: *„Heine selbst würde mit diesem Platz zufrieden sein ... Denn hier ist alles, was er liebte! Die schöne Natur, der lachende Himmel über sich, die prächtige Umgebung, Palmen, Zypressen und Pinien. Dort die Gebirge und unten das Meer, das er so liebte, diesen einzigen, labungsvollen Frieden!"*

Sensibler Junge: Kronprinz Rudolf hat die Intelligenz und Phantasie seiner Mutter geerbt. Doch Elisabeth überläßt den Sohn sich selbst.

Kronprinz Rudolf

Rudolf wächst – ebenso wie seine Schwester Gisela – ohne Mutter auf. Statt ihren Kindern widmet sich Elisabeth nach dem Tod ihrer Ältesten Sophie vorrangig sich selbst – dem Reiten und Reisen, ihrer Schönheit, ihren depressiven Verstimmungen ...

Ein einziges Mal setzt sich die Kaiserin für ihren überaus intelligenten Sohn ein. Rudolf, der schon als Fünfjähriger vier Sprachen fließend spricht, auffallend phantasievoll, aber ebenso empfindlich und liebesbedürftig ist, droht an den Erziehungsmethoden, die Großmutter und Vater für ihn vorgesehen haben, zu zerbrechen. Franz Joseph wünscht sich einen wackeren Soldaten. Der strenge Erzieher Graf Leopold Gondrecourt soll das kränkelnde Kind mit Exerzierübungen, eiskaltem Wasser und scharfem Drill abhärten – und er tut dies bis zur völligen Erschöpfung des Kleinen. *„Se. k. H. sind phisisch und geistig mehr als Kinder seines Alters entwickelt, jedoch eher vollblütig und nervösreizbar, es muß daher die geistige Entwicklung verständig gedämpft werden, damit jene des Körpers gleichen Schritt halten kann.“*

Rudolf macht der schneidige Kadettendrill krank und kränker. Elisabeth – als sie davon erfährt – immer wütender: *„... bis sie Rudolf mit der energischen Behandlung [...] beinahe zum Trottel machten“*, klagt sie später, *„ein Kind von 6 Jahren mit Wasserkur und Erschrecken zum Helden machen zu wollen, ist Wahnsinn.“* Elisabeth greift durch: *„Entweder geht Gondrecourt oder ich!“* wirft sie dem Kaiser an den Kopf. Und Franz Joseph gibt nach. Kaum hat der von Sisi favorisierte Oberst Joseph Latour von Thurmburg Rudolfs die Erziehung übernommen, erholt sich der Bub wieder.

Elisabeth selbst kümmert sich in der Folge allerdings so gut wie nicht um ihren Sohn – weder um das Kind Rudolf, noch um den Halbwüchsigen, noch um den Erwachsenen. Weder bemerkt sie, wie ähnlich er ihr charakterlich ist, noch, wie sehr er sie verehrt – sie ist und bleibt eine unerreichbare Märchenfee für ihn. Einzig ihren Hang zum Spiritismus teilt er nicht.

Ein einsamer Thronfolger: Die demonstrativ „liberale“, ja bürgerliche Erziehung, die Elisabeth für ihren Sohn befürwortet hat, entfernt den äußerst sensiblen Kronprinzen immer weiter von seinem eigentlichen Umfeld. Nur von seinen bürgerlichen Freunden fühlt er sich verstanden – und das wiederum reißt die Kluft zum Hof noch weiter auf, entwurzelt ihn noch mehr.

Rudolf muß ein Doppelleben führen: Einerseits repräsentiert er gemeinsam mit seiner Frau Stephanie, der belgischen Königstochter. Das gespannte Verhältnis zwischen ihr und Elisabeth, die sie ein „mächtiges Trampeltier" nennt, verschlechtert natürlich seine Beziehung zur Kaiserin weiter.

Andererseits verfaßt er anonyme Streitschriften gegen den Adel und für die Demokratie, möchte am liebsten Naturwissenschaften an einer Universität studieren – was für einen Habsburger selbstverständlich nicht in Frage kommt –, engagiert sich gegen Antisemitismus und für Toleranz und hat wie seine Mutter einen Hang zur Literatur. *„Er schwatzt viel uncongruentes Zeug von Freiheit und Gleichheit, schimpfte über den Adel, er sei ein überwundener Standpunkt und wünschte sich als schönste Stellung, Präsident einer Republik zu sein"*, stellt Fürst Karl Khevenhüller-Metsch kopfschüttelnd fest. Seinen Vater, dem jedes Verständnis für den Sohn fehlt, traut sich Rudolf kaum noch anzusprechen. Die Suche nach der Nähe seiner Mutter gibt er hingegen nicht auf. In vielem sind – wie sich aus ihren Schriften ablesen läßt – Kaiserin und Kronprinz einer Ansicht; sie wissen es bloß nicht, weil sie nicht miteinander kommunizieren. Wie sehr Rudolf, dessen Depression eine unangenehme körperliche Krankheit vorantreibt, darunter leidet, scheint Elisabeth zu ignorieren.

Immer häufiger spricht der Unverstandene von seinem nahen Tod – niemand nimmt ihn ernst. Zu Weihnachten 1888 ergibt sich so etwas wie eine herzliche Szene zwischen Elisabeth und Rudolf. Die Mutter bittet den Sohn, immer gut zu seinen Geschwistern zu sein, wenn er einmal auf dem Thron säße. Der Kronprinz fällt ihr gerührt schluchzend in die Arme. Sie zeichnet ihm ein Kreuz auf die Stirn. Ein Monat später, am 30. Januar 1889, verübt er in Mayerling Selbstmord.

Ein Skandal, der vertuscht werden soll – und erst recht die Tatsache, daß er die junge Mary, die Tochter der leichtlebigen Baronin Helene Vetsera, in den Tod mitgenommen hat. Den „reinen Engel", der ihn „hinüberbegleitet", wie Rudolf in einem Abschiedsbrief schreibt, hat ihm Elisabeths Nichte Marie Larisch vorgestellt. Sie wird nach dem Unglück vom Wiener Hof verbannt – für immer.

Um eine kirchliche Beerdigung möglich zu machen, attestiert ein Arzt eine Geisteskrankheit Rudolfs – ein schwerer Schlag für Elisabeth, die sich mit Vorwürfen quält und sich die Schuld am Tod ihres Sohnes gibt. Das Urteil ihrer Umgebung fällt entsprechend hart aus: *„Diesmal ist die Landesmutter die Hauptschuldige"*, stellt die Frau des belgischen Gesandten fest. *„Dächte sie weniger an sich und mehr an ihre Pflichten, so hätten wir diese vergangene Katastrophe nicht gehabt."* Doch Elisabeth fühlt sich nicht an ihre Pflichten erinnert.
Im Gegenteil: Künftig bleibt sie Wien noch häufiger fern als jemals vorher.

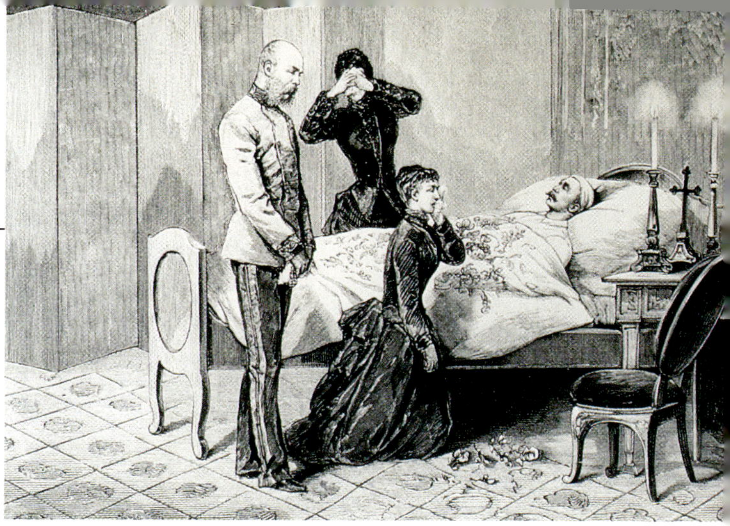

***Aufgebahrter Rudolf:** Um den Kronprinzen nach kaiserlichem und kirchlichem Zeremoniell beisetzen zu können, wird sein Gehirn obduziert und eine geistige Erkrankung festgestellt.*

***„I.L.V.B.I.D.T.":** „In Liebe vereint bis in den Tod" läßt Rudolf in den Ring gravieren, den er seiner Geliebten, Baronesse Mary Vetsera, schenkt. Der gemeinsame Tod ist für die junge Schönheit beschlossene Sache: „… da ich der Liebe nicht widerstehen konnte, so gehe ich mit ihm."*

Cap Ferrat an der Côte d'Azur

Südfrankreich
und andere
Irrfahrten

„Habe ich erst einmal keine Verpflichtungen mehr gegen meine Valerie und ist diese versorgt und glückliche Frau mit recht vielen Kindern, was sich mein ‘Kedvesem’ [‘Liebling’] *immer wünscht, dann bin ich frei und dann beginnt mein ‘Mövenflug’.“* Elisabeth verschweigt nicht, wie sehr es sie von Wien fortzieht, weg vom höfischen Prunk. Als Marie Valerie Ende Juli 1890 tatsächlich heiratet, trauert die Mutter, als hätte sie ihre *„Einzige“* für immer verloren. *„Mama ist wie betäubt von tiefer Melancholie“*, notiert die glückliche Braut in ihr Tagebuch, *„und umso mehr, als sie nie begreifen kann, wie man sich die Ehe wünschen und von derselben Gutes erwarten kann.“*

So unverständlich diese Überreaktion der Kaiserin ist, so nachvollziehbar ihr übriger Kummer: Ein Jahr zuvor hat sie ihren Sohn verloren, die Monarchie ihren Kronprinzen, im Februar 1890 ist – nach langem Krebsleiden – ihre große Liebe Gyula Andrássy gestorben, drei Monate später auch ihre Schwester Helene. Und von Franz Joseph fühlt sie sich mehr denn je unverstanden. *„Wie so oft in früheren Zeiten konnte ich nun wieder bemerken, daß Tante Sisi und Franz Joseph sich, ohne es zu wollen, so leicht gegenseitig verletzten“*, erzählt Sisis Nichte Amélie Urbach, die Tochter ihres Lieblingsbruders Carl Theodor. *„Er kann ihre außergewöhnliche, feurige Natur nicht verstehen, während ihr für seinen einfachen Charakter und praktischen Verstand das Verständnis abgeht. Und doch liebt er sie so sehr.“*

Ziel- und ruhelos treibt die Kaiserin in den neunziger Jahren auf ihren Odysseen durch Europa und Nordafrika. Nur noch wenige Wochen im Jahr weilt sie in Wien, mehr als die Hälfte des Jahres verbringt sie auf Reisen außerhalb der Donaumonarchie – ein schwarzer Schatten, der vor sich selbst davonläuft. Nach der Tragödie von Mayerling hat sie ihre bunte Garderobe – Kleider, Hüte, Tücher, Schirme – an ihre beiden Töchter verschenkt, ebenso ihren Schmuck. Sie selbst trägt nur noch schlichte, praktische Kleider in Schwarz. Ihr Gesicht hält sie versteckt – unter Schleiern, hinter Fächer und Schirm ist es dreifach geschützt. So wird sie freilich erst recht erkannt und beobachtet – als gesichtslose Kaiserin. *„Die Leute wissen nicht, was sie mit mir beginnen sollen, weil ich in keine ihrer Traditionen und längst erkannten Begriffe hineinpasse“*, sagt sie zu ihrem Vorleser

„Durch die ganze Welt will ich ziehen, Ahasver soll ein Stubenhocker gegen mich sein. Ich will zu Schiff die Meere durchkreuzen, ein weiblicher ‘Fliegender Holländer’, bis ich versunken und verschwunden sein werde.“

Elisabeth zu Marie Wallersee-Larisch

Stilles Einverständnis: ***In den neunziger Jahren treffen Elisabeth und Eugénie, die Witwe Napoleons III., einander auf Cap Martin. In der Regel spazieren die Freundinnen schweigend nebeneinander her.***

Christomanos. *„Sie wollen nicht, daß man ihre Schubladenordnung stört."*

Bei aller Melancholie scheint sich Elisabeth aber in der Rolle der umherirrenden Mater dolorosa zu gefallen. Die Seemöve passe nicht ins Schwalbennest, sagt sie während einer ihrer kurzen und seltenen Besuche bei Marie Valerie, und ihr sei ein ruhiges, glückliches Familienleben nicht bestimmt. Statt dessen pendelt sie – der Wärme und dem Sonnenlicht folgend – zwischen Côte d'Azur, der französischen Atlantikküste und Schweizer Luftkurorten hin und her und erforscht fremde Länder. Je exotischer ihr Reiseziel, um so besser: *„Ich entdecke mich jedes Mal neu, wenn ich in eine andere Atmosphäre gelange, die noch niemand eingeathmet und verbraucht hat. Dann athme ich tief auf, wie aus einer neuen Brust."*

Ihre ebenso abenteuerlichen wie strapaziösen Landausflüge mit stundenlangen Spaziergängen entwickeln sich für ihre Begleiter zu einer nicht enden wollenden *„Leidensgeschichte"* (Marie Festetics). Sisi freilich genießt sie: *„So gehöre ich denn mir ganz. Auf meinen Spaziergängen laufe ich auch wenig Gefahr, civilisirten Menschen zu begegnen; denn sie ziehen mir nicht nach in die Einöden. Da haben sie wohl Besseres zu thun."* In Kairo versetzt Elisabeth mit ihrer *„pedestrischen Leistungsfähigkeit, die so bewunderungswürdig ist, daß die Geheimpolizei ihr nur mit dem Wagen folgen kann"*, den österreichischen Botschafter in Erstaunen.

Rasten will Sisi nicht: Zwischen Kreuzfahrten durch das Mittelmeer und Wanderungen im Bayerischen taucht die Kosmopolitin – als solche möchte sie sich verstanden wissen – in europäische Metropolen ein: Genf, Zürich, Barcelona, Paris. *„In Paris durch die Straßen zu gehen, ist mir sehr angenehm, weil der einzelne unter die Menge verloren geht. Auf diese Weise nähert sich diese Civilisation der Cultur."*

Enthüllung des Zeichners (oben): Während dem Photographen nur ein Schnappschuß von hinten gelingt (gegenüber), hält der Zeichner Elisabeth und Eugénie auf einem ihrer Cap-Martin-Spaziergänge von vorne fest. Hinter den Damen: Kaiser Franz Joseph mit Spazierstock und Melone.

Seltenes Vergnügen: Die Tage, an denen Kaiser Franz Joseph in späten Jahren gemeinsam mit Elisabeth in der Wiener Hofburg frühstücken darf, sind an einer Hand abzuzählen.

Ihren Reisestil ändert Sisi im Lauf der Jahre völlig: Sie ist nicht mehr mit einem aufwendigen Hofstaat von mehr als 50 Personen unterwegs, sondern mit einer kleinen Truppe von weniger als zehn. Statt in angemieteten Schlössern steigt sie in neu errichteten Luxushotels ab, in denen sich gut geschultes Personal um ihre – mittlerweile durchaus bescheidenen – Wünsche zu kümmern hat. Etwa auf Cap Martin an der Côte d'Azur, wo Elisabeth zwischen 1894 und 1897 viermal überwintert. Ein Glück für den Kaiser, der oft nur durch die Presse vom momentanen Aufenthaltsort seiner weltreisenden Frau erfährt. Dort kann er sie wenigstens besuchen.

Mit Sisis einigermaßen exzentrischer Lebensweise kommt er jedoch immer weniger zurecht. *„Unser kurzes Zusammensein war wirklich traurig im Vergleich was wir erwarteten und erhofften"*, schreibt Franz Joseph ihr nach seinem Besuch im Februar 1895. Und zwei Jahre später beklagt er sich über die Folgen ihrer exzessiven Hungerkuren: *„Meine Frau war so nervös, daß unser Zusammensein ernstlich gestört war."*

Auch Kaiserin Eugénie, mit der Sisi auf Cap Martin zu gemeinsamen Spaziergängen zusammentrifft, hat ihre Mühe mit Sisi. Einst hat sich die Welt den Kopf zerbrochen, wer nun die europäische Schönheitskönigin sei: die Gemahlin Napoléons III. oder Elisabeth. Doch waren sie nur öffentliche Konkurrentinnen: Bei offiziellen Auftritten wahren die beiden Distanz, hinter verschlos-

Mater dolorosa: Dieses Gemälde des Ungarn Gyula von Benczúr entsteht 1899 – wie alle Porträts Elisabeths nach Photos der jungen Kaiserin.

Bildungsreise (links): Frederic Barker, einer ihrer Vorleser, spaziert 1898 rezitierend an der Seite Elisabeths durch die Straßen von Caux.

„Wenn ich mich ganz allein in einer einsamen Landschaft befinde, von der ich weiß, dass sie nicht oft betreten wird, fühle ich, dass meine Beziehungen zu allen Dingen ganz verschieden werden, als wenn auch andere Menschen dabei sind: nur an diesem Unterschiede erkenne ich mich selbst – auf dem Meere, in den weiten Ebenen, wo es keine Winkel gibt, in denen die Menschen sich so gerne ansetzen wie Staub. Das Leben unter den Menschen uniformirt uns alle zu einem schwarzen Haufen, dem nur das Gemeine gemeinsam ist.“

Elisabeth zu Constantin Christomanos

Rätselhaft: Wer Elisabeth so direkt ins Gesicht schauen darf, ist bis heute nicht geklärt. Vielleicht einer ihrer Vorleser?

senen Türen hingegen kommen sie einander nah: *„...die beiden Kaiserinnen* [waren] *damit beschäftigt, sich mit zwei Zentimetermaßen die schönsten Wadenbeine, die damals wohl in ganz Europa zu finden waren, abzumessen“*, weiß Graf Wilczek, der eigentlich vor der Tür Wache halten soll, zu berichten.

30 Jahre später promenieren die gealterten Schönheiten nebeneinander oder machen gemeinsame Ausfahrten in die Umgebung. Eugénie: *„Es war, als ob man mit einem Gespenst zusammen fuhr, denn ihr Geist schien in einer anderen Welt zu weilen. Selten sah sie, was um sie herum vorging, auch bemerkte sie kaum, wenn sie von denen, die sie kannten, gegrüßt wurde. Tat sie es, so erwiderte sie den Gruß mit einem eigenartigen Zurückwerfen des Kopfes anstatt mit der üblichen Verbeugung.“* Sisi, anmutig und melancholisch, distanziert und unerreichbar, möchte nicht gegrüßt werden. Sie will Privatperson sein – und stiehlt sich, um den Schaulustigen nur ja zu entkommen, durch einen Hintereingang des Hotels Cap Martin davon. Ihre Leibwächter läßt sie, der Unauffälligkeit wegen, als Steinklopfer oder Postboten tarnen. „[...] *warum ich so gerne incognito reise?“* erzählt Sisi, die unter anderem als Gräfin von Hohenembs reist, ihrem griechischen Vorleser: *„Weil ich es wie die Erde und das Meer thun möchte. Die Namen, die ihnen die Menschen geben, gelten doch nur für diese selbst. Sie behalten trotzdem ihre Anonymität, und wo sie am freiesten und einsamsten sind, dort reichen die Menschen mit ihren Nomenclaturen nicht hin.“*

Nie ohne Schutzschild: Von den siebziger Jahren an läßt sich Sisi nicht mehr freiwillig photographieren. Sogar zu Pferd ist sie mit ihrem Fächer bewaffnet.

„Der Todesgedanke reinigt wie ein Gärtner, der das Unkraut jätet, wenn er in seinem Garten ist. Aber dieser Gärtner will immer allein sein, und ärgert sich, wenn Neugierige in seinen Garten schauen. Deswegen halte ich den Schirm und den Fächer vor mein Gesicht, damit er ungestört arbeiten kann." Was für andere nur wie ein Versteckspiel wirken kann, ist für Elisabeth eine Befreiung. *„Oft komme ich mir vor wie dicht verschleiert, ohne es zu sein, wie in einer Maskerade: im Costüm einer Kaiserin"*, hat sie Jahre vorher geklagt. Nun – für die Welt maskiert – will sie endlich Privatperson sein.

Tatsächlich jedoch gibt es einen weiteren handfesten Grund, warum die Kaiserin sich vor ihrer Umwelt versteckt: Sie kann das langsame Sterben ihrer einstigen Schönheit nicht ertragen. Und darüber entwickelt sie eine regelrechte Blickphobie. Spürt sie fremde Augen auf sich gerichtet, ergreift sie die Flucht. *„Sobald ich mich altern fühle, ziehe ich mich ganz aus der Welt zurück. Es gibt nichts ‚Grauslicheres', als so nach und nach zur Mumie zu werden und nicht Abschied nehmen zu wollen vom Jungsein. Wenn man dann als geschminkte Larve herumlaufen muß – Pfui!"* hat sie angekündigt. *"Vielleicht werde ich später immer verschleiert gehen, und nicht einmal meine nächste Umgebung soll mein Gesicht erblicken."* Und sie hält sich daran: Jahre vor ihrem Tod verschwindet sie aus der Öffentlichkeit. Nicht nur, daß sie keine Repräsentationspflichten mehr wahrnimmt, nicht nur, daß sie keine Photographen, Maler und Zeichner mehr an sich heranläßt: Schleier, Schirm und Fächer müssen als dreifachgesichertes Schutzschild herhalten. Ein sichtbares Sichverstecken. *„In ihrer Hand sind sie nicht das, was sie bei anderen Frauen bedeuten"*, notiert ihr Vorleser in sein Tagebuch, *„sondern nur Embleme, Waffen und Schilde im Dienste ihres wahren Wesens."*

Die Freundin des Kaisers

„Dein dicker Engel kommt ja schon
Im Sommer mit den Rosen.
Gedulde Dich mein Oberon!
Und mach nicht solche Chosen!"
spottet Elisabeth über Katharina Schratt. Dabei ist gerade sie es, die ihren Mann Mitte der achtziger Jahre mit der mehr als zwanzig Jahre jüngeren Burgschauspielerin verkuppelt. Elisabeth will ihren Liebhabereien nachgehen: das ganze Jahr über die Welt bereisen, dichten, Griechisch studieren, lesen, ihren „Wolkenkraxeleien" nachgehen, wie ihr Mann es ausdrückt. Vorher aber möchte sie aber gerade ihn emotional versorgt wissen.

Sie selbst liebt ihn längst nicht mehr. *„Die meisten Mädchen heiraten überhaupt nur aus Sehnsucht nach Freiheit"*, vertraut sie Constantin Christomanos an. *„Übrigens hat die Liebe auch Flügel zum Fortfliegen."* Doch Sisi bleibt ihrem Mann bei allen Differenzen in Respekt und Freundschaft verbunden. Sie weiß, wie einsam er während ihrer langen Reisen ist – und sorgt sich um ihn …

„Die Schratt", eine nach damaligen Maßstäben auffallend hübsche Frau und in ihrer pummeligen Gemütlichkeit und fröhlichen Unkompliziertheit das ganze Gegenteil von Sisi, kommt der Kaiserin gerade recht.

Daß Franz Joseph sich, nachdem er die blonde Schauspielerin auf der Bühne bewundert und auf dem Industriellenball 1885 mit ihr geplaudert hat, in sie verliebt, entgeht Sisi natürlich nicht. Statt mit Eifersucht zu reagieren, wie sie das am Beginn ihrer Ehe getan hätte, fädelt die Kaiserin zahlreiche Begegnungen zu dritt ein. 1886 gibt sie sogar ein Porträt der Schauspielerin in Auftrag – als Geschenk für Franz Joseph. Weil die Schratt offiziell eine Freundin, wenigstens eine gute Bekannte der Kaiserin ist, kann Franz Joseph sie schließlich auch allein treffen, ohne allzu großes Aufsehen zu erregen.

Die Kinder des Kaiserpaares können sich mit dieser seltsamen Liaison nicht anfreunden. *„Merkwürdig"*, findet Kronprinz Rudolf. *„Sie ist wirklich einfach und sympatisch"*, beschwert Marie Valerie sich bei ihrem Tagebuch, als Sisi die Schratt sogar nach Ischl einlädt, *„aber doch habe ich eine Art Groll, obwohl sie ja nichts dafür kann, daß Papa diese Freundschaft für sie hat, aber die bösen Menschen reden davon und können gar nicht glauben, wie kindlich Papa diese Sache auffaßt, wie rührend er auch hierin ist ... und ich finde, Mama hätte darum diese Bekanntschaft nicht unterstützen sollen."*

Der Kaiser blüht regelrecht auf, ist endlich so etwas wie glücklich, überhäuft seine Freundin mit Geschenken: Schmuck, Kleider, Möbel, eine Jahresapanage von 30.000 Gulden, eine Villa in Hietzing und eine in Ischl und ein Stadtpalais gegenüber der Wiener Oper. Als Gegenleistung bekocht sie ihn, hört sich seine Sorgen an und versorgt ihn mit dem neuesten Wiener Tratsch.

Gereizt reagiert Valerie schließlich auf den Wunsch ihrer Mutter, Franz Joseph solle nach ihrem Tod die Schratt heiraten. *„Gott verhüte dieses Unglück und das, was Mama in Verwirrung aller Begriffe für Papa wünscht!"* Daß Valeries Sorgen unnötig sind, soll sie bald erfahren. Zwar treffen Kaiser und Schauspielerin einander auch weiterhin regelmäßig, zwei Jahre nach dem Tod der Kaiserin kommt es jedoch zu einer ernsten Verstimmung zwischen dem Paar. Die Schratt verläßt immer häufiger Wien und läßt den Kaiser zappeln. Und Franz Josef übernimmt, wie schon bei seiner Frau, wieder die Rolle des Bittstellers. Ausgerechnet an die *„Liebe zu ihr* [Sisi], *das Letzte, was uns noch verbindet"*, appelliert er. Katharina Schratt geht jedoch auf Distanz. Der Kaiser bleibt zwar bis zu seinem Tod in Kontakt mit ihr, sieht sie aber immer seltener ...

Pummeliges Liebchen: Die Burgschauspielerin Katharina Schratt, hier als Seiltänzerin, ist das genaue Gegenteil von Elisabeth. Gerade darum verliebt sich der Kaiser in sie.

> ***„Das Leben auf dem Schiffe ist viel schöner als jedes Ufer. Die Reiseziele sind nur deswegen begehrenswert, weil die Reise dazwischen liegt. […] Der Gedanke, einen Ort bald verlassen zu müssen, rührt mich und läßt mich ihn lieben."***
>
> Elisabeth

Schiffe und Seereisen

Schiffe sind für sie mehr als nur Fortbewegungsmittel. Kaiserin Elisabeth liebt es, auf hoher See unterwegs zu sein. *„Das Leben an Bord ist doch mehr als ein bloßes Reisen. Es ist ein verbessertes, wahreres Leben.* […] *Man befindet sich wie auf einer Insel, aus der alle Unannehmlichkeiten und Beziehungen verbannt sind"*, sagt die Getriebene im März 1892 zu ihrem Vorleser Christomanos. *„Es ist ein ideales, chemisch reines, krystallisirtes Leben ohne Wunsch und ohne Zeitempfindung. Das Gefühl der Zeit ist immer schmerzhaft, denn es gibt uns das Gefühl des Lebens."*

Kaum ein Jahr vergeht, an dem sie ihren Fuß nicht auf irgendein Schiff setzt – und immer möchte sie noch weitere Strecken zurücklegen. *„Am liebsten ginge ich ein wenig nach Amerika, die See tendiert mich so, so oft ich sie anschaue"*, seufzt Sisi schon im August 1874, die Reise zur Isle of Wight hat ihr Verlangen nur noch mehr geweckt: *„Valerie möchte auch gleich mit, denn sie fand die Seereise charmant. Alle übrigen haben mit wenig Ausnahme gespien."*

Je älter sie wird, um so mehr Zeit verbringt Elisabeth auf dem Meer – zum Leid ihrer Hofdamen genießt Elisabeth es dann besonders, wenn es sich von seiner stürmischen Seite zeigt. *„Auf dem Meer wird mein Athem weiter"*, so die Kaiserin. *„Er geht nach dem Wellenschlage. Wenn die Wellen breiter werden, beginne ich tiefer zu athmen."*

Während ihre Begleiterin Marie Festetics ständig mit der Seekrankheit kämpft – *„Ich sitze hier auf dem schaukelnden Schiff in der fremden Welt – allein. Ich habe Heimweh ..."* –, blüht Sisi bei hohem Wellengang auf. *„Ich bin wie ein Sturmvogel"*, verrät sie Christomanos. *„Ich lasse alle Segeltücher abnehmen, um den Anblick der zornigen Wellen nicht zu entbehren; und jedes Mal, wenn eine über Deck schlägt, möchte ich aufjauchzen."*

Als Elisabeth im September 1890 aus Dover ausläuft, gerät sie in einen der schlimmsten Stürme, die sie je auf hoher See erlebt. Statt Schutz zu suchen, läßt sie sich an Deck an einen Stuhl binden, um sich Wind und Wellen ins Gesicht schlagen zu lassen. *„Ich thue dies wie Odysseus, weil mich die Wellen locken."*

So rauh sie es sonst liebt: Wenn sie sich der Schönheitspflege widmet, will sie von hohen Wellen nichts wissen. Damit während ihres Morgenbads das Wasser in der Badewanne nicht überschwappt, muß der Kommandant den Kurs abändern oder gar die Maschinen stoppen.

Angst kennt Elisabeth nicht, wenn sie auf einer der kaiserlichen Yachten, der *Fantasie*, der *Miramar* oder der *Greif*, allesamt verläßliche Raddampfer, auf denen man besonders ausschweifende Seereisen unternehmen

kann, durch das Mittelmeer kreuzt. In ihren letzten Lebensjahren begleitet sie jedoch immer öfter die Todessehnsucht: *„Was wäre, wenn ich einmal ertrinken würde; die Leute würden sagen: ‚Warum ist sie auf die See gegangen, im Winter, als Kaiserin noch dazu, anstatt in der Hofburg zu bleiben?' Doch vielleicht kommt es noch überraschender, selbst für eine Kaiserin. Das Schicksal gibt manchmal Ohrfeigen den Gewissheiten und dem Dünkel der Menschen."* Diesen Dünkel scheint sie auf ihren weiten Reisen hinter sich gelassen und statt dessen eine große Ehrfurcht vor der Natur entwickelt zu haben: *„Die Menschen glauben, dass sie die Natur und die Elemente beherrschen durch ihre Schiffe und Expresszüge. Im Gegentheil – die Natur hat jetzt die Menschen unterjocht ... Jetzt rollen wir als Globetrotters wie Tropfen im Meer, und wir werden es schließlich erkennen, dass wir nichts als solche sind."*

„Eine Möve bin ich von keinem Land,
Meine Heimat nenne ich keinen Strand,
Mich bindet nicht Ort und nicht Stelle,
Ich fliege von Welle zu Welle."

Des Meeres Wellen: „Die Greif" ist einer der Raddampfer, auf denen Elisabeth monatelang über die Meere irrt.

„Man muß Cultur und Civilisation unterscheiden. Cultur findet sich auch in den arabischen Wüsten; vor allem noch im Süden und im Osten, wo die Civilisation nicht vorgedrungen ist, auf den Meeren und auf den einsamen Wiesen. Die Cultur ersticken, heißt Civilisation; sie ist im Westen zu Hause. Sie ist eine Ablenkung und Fälschung der natürlichen Ziele der Existenz."

„Selbst im größten Gewühl der Lastenträger und Esel fühle ich mich weniger beengt als auf einem Hofball ...“

Derwische in Algier: Elisabeth, neugierig auf fremde Länder und Kulturen, läßt auf ihren Reisen von Motiven, die ihr ins Auge stachen, Photographien kaufen und Reisealben anlegen.

Schloß Chillon am Genfer See

Elisabeths letzte Reise

POSSENHOFEN
ISCHL
SCHÖNBRUNN.
LAXENBURG
Elisabeth
24. Dez. 1837.
10. September 1898.
ACHILLEION
LAINZ

Das letzte Photo: Einem unbekannten Photographen gelingt am 3. September 1898 dieser Schnappschuß von Elisabeth und ihrer Hofdame Irma Gräfin Sztáray, wahrscheinlich in Territet.

> ***„Und wenn ich einmal sterben muß, so legt mich an das Meer ..."***
>
> Aus einem Gedicht der Kaiserin

Genf, am 14. September 1898. Schon um sechs Uhr früh drängen sich Hunderte Menschen um das Hotel „Beau Rivage" mit seinen dunkel verhängten Fenstern; eine Stunde später ist die Menge aus Schaulustigen und Trauernden kaum noch zurückzuhalten.

Die ganze Nacht haben zwei Gendarmen vor dem Hotel Wache gehalten, Punkt acht öffnen sich endlich die Türen. Acht schwarz livrierte Lakeien laden den Sarg in den blumenübersäten Leichenwagen. Dunkel verhüllte Pferde ziehen diesen schließlich im Schritt über den Quai zum Genfer Bahnhof. Hinter dem majestätischen Gespann der nicht enden wollende Trauerzug: Schweizer Soldaten, die Mitglieder der Schweizer Regierung, Abgesandte der Stadtbehörden, Vertreter der Universität, Kolonnen von Bürgern – beglei-

Der Tatort (links): Auf dem Weg zur Anlegestelle am Genfer See rammt der Attentäter Luigi Lucchemi der Kaiserin eine Feile ins Herz.

Lachender Mörder (unten): Der Anarchist Luigi Lucchemi ist stolz auf seine Tat und grinst bei seiner Verhaftung in die Kamera. Im Bild: der Erhebungsbogen zur Tat.

tet vom dumpfen Trommelwirbel der Polizeigarde und den Glockenschlägen aus der Genfer Kathedrale.

Tausende Menschen wollen der Kaiserin, die die Schweiz in den Jahren zuvor so häufig besucht hat, eine letzte Ehre erweisen. Eine Ehrerbietung, die die lebende Elisabeth wohl kaum über sich ergehen hätte lassen. In den neunziger Jahren betrachtet die stets inkognito Reisende die Schweiz als ihre geheime Zuflucht. Nicht nur, daß Elisabeth ohne Wissen des Kaisers große Teile ihres Privatvermögens bei Schweizer Banken anlegt. Auch ihre umfangreiche Gedichtesammlung vermacht sie – mit der Auflage, sie erst 1951 zu publizieren – der Schweizer Republik; diese Staatsform scheint ihr soviel zukunftsträchtiger als die Monarchie. Darüber hinaus gefällt ihr das Land einfach. Nicht die Berge ziehen sie jedoch an, sondern die Städte. *„Ist es nicht merkwürdig? Wenn ich in der Schweiz bin, habe ich gar kein Bedürfnis nach den Bergen – vielleicht, weil es die anderen Leute haben. Da ziehe ich vor, in den Städten zu flaniren, zumal in Genf. Es ist mein liebster Aufenthalt, weil ich da ganz verloren gehe unter den Kosmopoliten: das gibt eine Illusion von dem wahren Zustande der Wesen.“*

In Genf geht Elisabeth auf ihre letzte Reise: Eineinhalb Tage ist der Sarg mit der ermordeten Kaiserin – begleitet von zahlreichen Mitgliedern ihres Hofstaates, ihren Hofdamen Festetics und Sztáray und den Trauerklängen der allerorts läutenden Totenglocken – unterwegs, um zehn Uhr abends am 15. September trifft er nach Stationen in Lausanne, Bern und Zürich, im Fürstentum Liechtenstein, Salzburg und Linz endlich in Wien ein.

Vier Tage zuvor hat das Wiener Tagblatt unter dem Titel *„Die Kaiserin ermordet!“* das schreckliche Unglück gemeldet: *„Genf, 10. September, 3 Uhr 40 Minuten Nachmittags: Kaiserin Elisabeth verließ um 12 Uhr 40 Minuten Mittags* [Der Redakteur irrt: Es war 13.40 Uhr] *das Hotel Beaurivage, um sich nach dem Landungsplatze der Dampfer zu begeben. Auf dem Wege dahin stürzte sich ein Individuum auf die Kaiserin und führte einen heftigen Stoß gegen dieselbe. Die Kaiserin fiel zu Boden, erhob sich*

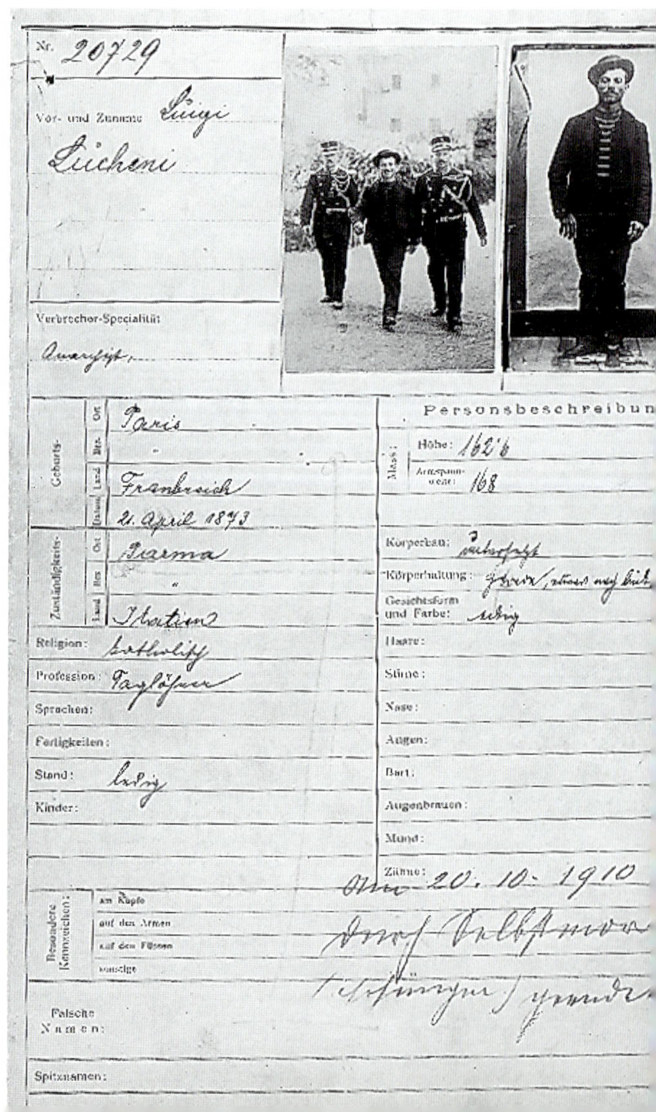

Nr. 20729

Vor- und Zuname: Luigi Lucheni

Verbrecher-Specialität: Anarchist

Personsbeschreibun[g]

Geburts- Ort: Paris
Land: Frankreich

Höhe: 162'6
Armspannweite: 168

Zuständigkeits- Ort: Parma
Land: Italien

Körperbau:
Körperhaltung:
Gesichtsform und Farbe:
Haare:
Stirne:
Nase:
Augen:
Bart:
Augenbrauen:
Mund:
Zähne:

Religion: katholisch
Profession: Taglöhner
Sprachen:
Fertigkeiten:
Stand: ledig
Kinder:

Besondere Kennzeichen: am Kopfe / auf den Armen / auf den Füßen / sonstige

20. 10. 1910

Falsche Namen:

Spitznamen:

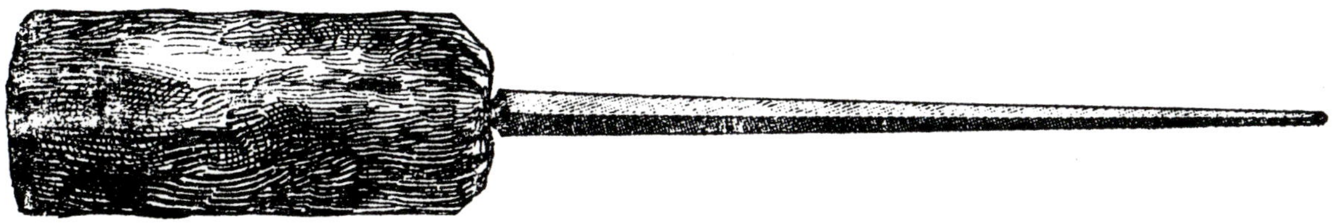

Das Mordwerkzeug (links): Diese derbe Feile stößt der Täter achteinhalb Zentimeter tief in Sisis Körper.

Stiller Kampf gegen den Tod: Erst Minuten nach dem Attentat bricht Elisabeth bewußtlos zusammen. Kurze Zeit später stirbt sie – ohne Schmerzen verspürt zu haben.

jedoch wieder und erreichte den Dampfer, wo sie bald darauf in Ohnmacht fiel.

Der Kapitän des Schiffes wollte das Schiff nicht abgehen lassen, gab indes später über Bitten des kaiserlichen Gefolges das Zeichen zur Abfahrt. Das Schiff hielt jedoch, nachdem es den Hafen verlassen hatte, wieder an und kehrte zum Landungsplatze zurück. Die Kaiserin hatte das Bewußtsein nicht wiedererlangt und wurde auf einer rasch hergestellten Tragbahre nach dem Hotel Beaurivage gebracht. Die Kleider der Kaiserin zeigten Blutflecken. Der Thäter wurde festgenommen ...“

Der Täter ist der fünfundzwanzigjährige italienische Anarchist Luigi Lucheni – nach Genf gekommen *„mit dem Vorsatz, eine hochstehende Persönlichkeit zu töten“*. *„Es sollte ein Souverän fallen“*, gibt der Attentäter zu Protokoll, *„welcher, war mir gleichgültig.“* Und weil ihm der Herzog von Orléans schon mehrmals entwischt ist, nutzt er die Gelegenheit, stürzt sich hüpfend wie ein Geisbock auf die Kaiserin und rammt ihr seine spitze Feile ins Herz. Achteinhalb Zentimeter tief. Elisabeth stürzt.

„Was wollte dieser Mensch eigentlich?“ fragt sie ihre Hofdame Irma Sztáray kurz nach dem Überfall, als ob nichts geschehen wäre. Sie richtet sich wieder auf, klopft mit

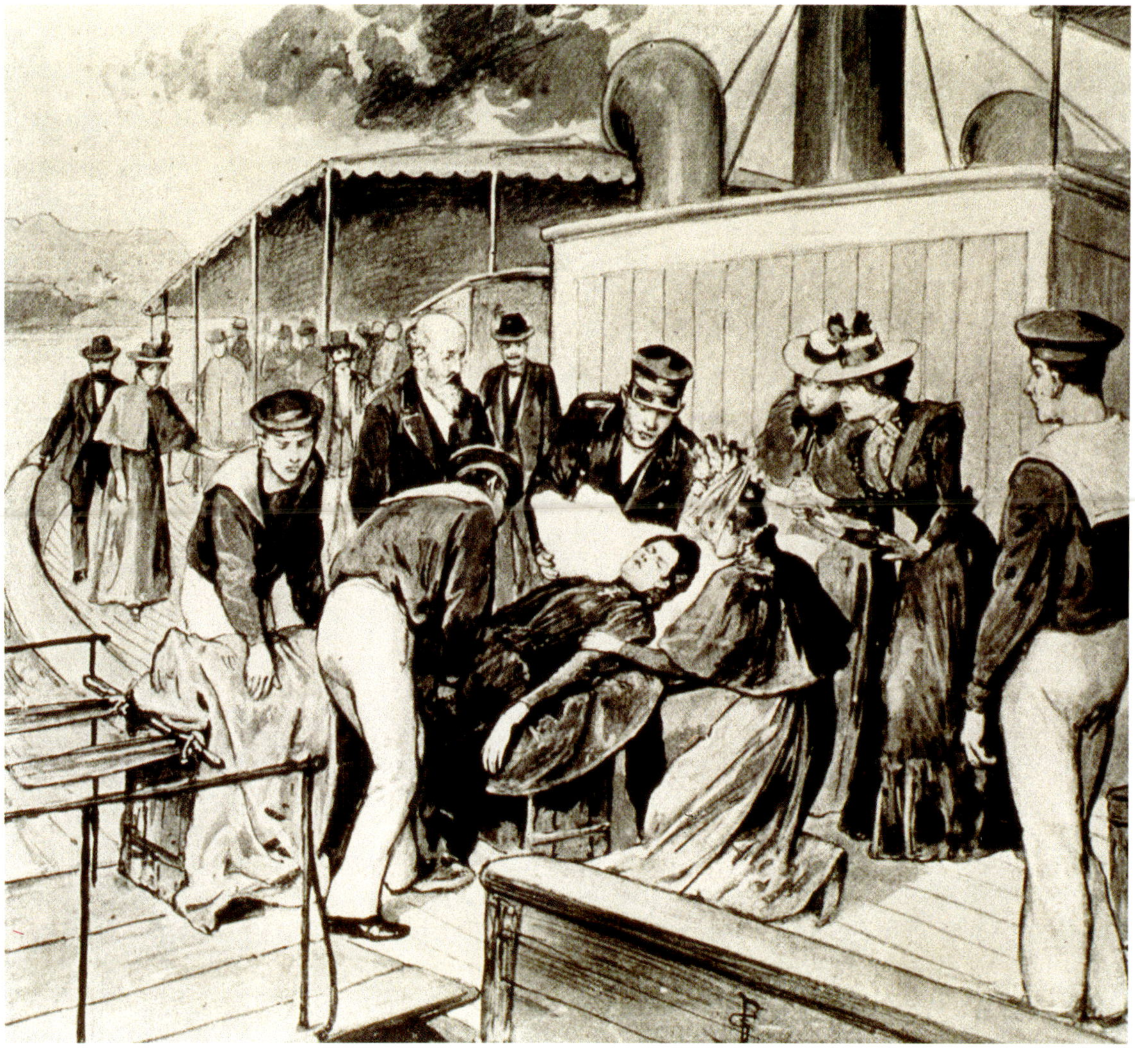

Letzter Gruß: „Isten veled szeretett angyalom" – Adieu, geliebter Engel – Dich von ganzem Herzen umarmend, Dein Kleiner", schließt Franz Joseph seinen letzten Brief an Elisabeth. Er erreicht die Kaiserin nicht mehr. Wenige Tage später werden im ganzen Land Erinnerungskarten verkauft.

einer majestätischen Handbewegung den Staub von ihrem Kleid und eilt zu dem wartenden Schiff. Elisabeth hat den Einstich nicht bemerkt. Sie hat auch keine Schmerzen. *„Was ist denn jetzt mit mir geschehen“*, stellt sie staunend fest, bevor sie – innerlich verblutend – in eine Ohnmacht fällt, aus der sie nicht mehr erwacht.

> ***„Ich wünschte, meine Seele flöge zum Himmel durch eine kleine Öffnung meines Herzens.“***
>
> Elisabeths im Gespräch mit der Baronin Rothschild in der Villa Rothschild in Genf am Tag vor ihrem Tod, dem 9. September 1898

Ein schneller, schmerzloser Tod, den Elisabeth seit Jahren herbeigesehnt hat. *„War dieser plötzliche Todesstoss nicht ihr eigener Wunsch?“* fragt der Schriftsteller Gabriele d´Annunzio zu recht. Tatsächlich beschwört Elisabeth den Tod, dem sie sich auch *„als Lebende näher fühlt als dem Leben“*, bei vielen Gelegenheiten herauf. *„Mama sagt, sie sei zu alt und müde, um zu kämpfen, ihre Flügel seien verbrannt und sie begehre nur Ruhe. Die edelste Tat wäre es, wenn alle Eltern jedes neugeborene Kind sogleich töten.“* Mit ähnlich sarkastischen Worten irritiert die Kaiserin ihre Tochter Marie Valerie immer wieder. Und noch am Tag vor

Neue Freie Presse.

Extra-Ausgabe.

Nr. 12230. Wien, Samstag, den 10. September 1898.

Die Kaiserin ermordet!

Wien, 10. September, 5 Uhr Nachmittags.

Eine entsetzliche, niederschmetternde Nachricht ist soeben eingetroffen. Unsere edle Kaiserin Elisabeth, aus deren Händen die Welt nur Gutes empfing, ist an den Ufern des Genfer Sees, wohin sie gekommen war, um Heilung für ihre Leiden zu finden, von einem Elenden ermordet worden.

Folgende Depeschen sind uns zugegangen:

Genf, 10. September. **Kaiserin Elisabeth** hatte heute eine Spazierfahrt mit dem Dampfer über den Genfer See unternommen. Als das Schiff in Genf landete und die Passagiere das Schiff verließen, **näherte sich der Kaiserin ein Individuum, das ihr ein Dolchmesser in die Herzgegend stieß.** Die Kaiserin wurde blutend aufs Schiff gebracht. Da sich ihr Zustand sichtlich verschlimmerte, trug man die Kaiserin ans Land und bettete sie auf eine Tragbare, **wo sie den Geist aufgab.**

Der Mörder, ein Italiener, wurde von der Menge **sofort festgehalten** und in Haft gebracht. Er gab an, ein **Anarchist** zu sein.

Genf, 10. September. Als die Kaiserin ins Hotel gebracht wurde, war sie bereits eine Leiche.

Wien, 10. September. Der Minister-Präsident Graf Thun ist soeben nach Schönbrunn gefahren, um den Kaiser die Unglücksbotschaft mitzutheilen.

Erschütternde Schlagzeilen: In wenigen Stunden ist die Nachricht von der Ermordung der Kaiserin über ganz Europa verbreitet.

Glanzvolles Staatsbegräbnis: Sisi wird genau so beerdigt, wie sie es nicht wollte. Statt auf der Insel Korfu wird sie in der Habsburgischen Kapuzinergruft beigesetzt. Ein langer Trauerzug bringt den Sarg von der Hofburgkapelle zur Gruft.

dem Unglück deutet Elisabeth – obwohl gut gelaunt – ihre Todessehnsucht an: *„Je voudrai que mon âme s'en volasse vers le ciel par une toute petite ouverture du coeur"* – *„Ich wünschte, meine Seele flöge zum Himmel durch eine kleine Öffnung meines Herzens"*, sagt sie zu Julie Rothschild. Die Baronin hat die Kaiserin in ihre vornehme Villa in Pregny gebeten. Und Sisi läßt sich gegen ihre Gewohnheiten ein mehrgängiges Menü servieren. Sie trinkt sogar Champagner. Kann sie ihren Kummer vorübergehend vergessen? Amüsiert sie sich etwa gar? Jedenfalls schickt sie die elegante Menükarte an ihren Mann – auch er soll an ihrem seltenen Hochgefühl teilhaben; denn sieht sich das Ehepaar auch kaum noch, es korrespondiert doch regelmäßig. Auch am Morgen des 10. September 1898 schreibt der in Wien weilende Franz Joseph einen zärtlichen Brief an seine *„édes szeretett lelkem"* – seine *„süße, geliebte Seele"*. Wenige Stunden später erreicht ihn die Nachricht von dem Attentat.

Ankunft am Wiener Westbahnhof. *„Um halb sieben tauchte sich die Straße in eine Flut von Licht, die Gasfackeln wurden angezündet. Man hatte von den Kandelabern die Laternen und die Brenner entfernt, und in breitem Strom schoß die glühende Lohe aus den schlanken Rohren, die Straße mit hellem Feuerschein übergießend"*, berichtet die „Neue Freie Presse" von dem makabren Schauspiel. *„Auch der Westbahnhof trug Trauergewand, [...] Fahnen wehten von den Türmen und Giebeln ..."*

Ein mächtiger Trauerzug geleitet den Sarg vom Bahnhof zur Hofburg; vier Stunden nimmt der sonst so kurze Weg von der Mariahilferstraße über den Ring in Anspruch. Franz Joseph empfängt seine tote Gemahlin in der Hofburgkapelle. *„Als der Hofburgpfarrer ein Gebet spricht, sieht man, daß der Kaiser seine Standhaftigkeit verliert. Seine Hände zittern, die Lippen bewegen sich krampfhaft. Die Stimme des Priesters wird lauter und feierlicher. Er ruft den Namen Elisabeths ..."*, berichtet ein Augenzeuge, da *„füllen sich die Augen Franz Josephs mit Tränen, und er versucht es nicht mehr, dieser inneren Gewalt Einhalt zu tun. Seine gerade Haltung läßt* *nach, er beugt sein Haupt und berührt mit der Rechten, liebevoll und sich stützend, die Bahre Elisabeths."*

Eineinhalb Tage bleibt der Sarg in der Burgkapelle aufgebahrt, dann wird die Kaiserin genau so zu Grabe getragen, wie sie es am wenigsten wollte. *„Sie wollte gar nichts sein für die Welt, auch im Sterben nicht. Sie wollte einsam sein und auch ebenso unbemerkt die Welt verlassen, durch die sie so oft einsam geschritten war"*, sagt ihre Dichterfreundin Elisabeth von Rumänien alias Carmen Sylva, *„Ruhe suchend, in ihrem rastlosen Drängen nach Höherem und Vollkommenerem."* Statt diese Ruhe ohne jedes Aufsehen auf der Insel Korfu zugestanden zu bekommen, wird aller Pomp der Donaumonarchie aufgeboten, um sie standesgemäß in das ihr zugedachte Grab in der Kapuzinergruft zu überstellen. Ein Auftrieb, wie ihn Elisabeth stets als Tortur empfunden hat. Nun kann er ihr nichts mehr anhaben: *„Auf allen todten Gesichtern drückt sich Weh und Hohn aus"*, hat sie einmal gesagt. *„Es ist der Hohn des Sieges über das Leben, das so weh gethan."*

Wenige Tage nach der Beisetzung kehrt der Alltag wieder ein. Schon lange vor ihrem Tod war die ständig verreiste, nie greifbare Elisabeth für die Bevölkerung bloß eine schöne Erinnerung. Nun soll Handfestes die Erinnerung lebendig halten. Allerorts werden Straßen und Plätze nach der toten Kaiserin benannt, Gedenktafeln aufgestellt, Hotels bekommen ihren Namen, auch Speisen, in der Hauptstadt wird ein Elisabeth-Denkmal errichtet. *„Jetzt ist uns ihre Existenz schon fast wie etwas Unwirkliches, ihre Gestalt schwebend wie die Gestalten eines Traumes"*, schreibt Felix Salten in einem Nachruf auf sie, *„und auf ihr Schicksal blicken wir kaum noch wie auf ein gelebtes Dasein, sondern wie auf eine Dichtung."*

Unsterbliche Elisabeth: „Sie wissen nicht, wie ich diese Frau geliebt habe", sagt Franz Joseph zu Graf Eduard Paar. Franz Joseph liebte freilich die Sisi seiner Träume, nicht ihr wahres Gesicht. Das Elisabeth-Denkmal (Bild) im Wiener Volksgarten wird 1907 in seiner Anwesenheit enthüllt.

Zeittafel

18. August 1830	Franz Joseph wird in Wien geboren.
24. Dezember 1837	Elisabeth Amalie Eugenie (Sisi) wird in München geboren.
2. Dezember 1848	Franz Joseph wird Kaiser von Österreich.
1849	Österreich wirft mit Hilfe von Rußland die aufständischen Umgarn nieder.
18. August 1853	Elisabeth und Franz Joseph verloben sich in Ischl.
24. April 1854	Elisabeth und Franz Joseph heiraten in der Augustinerkirche in Wien.
5. März 1855	Die erste Tochter, Erzherzogin Sophie, wird geboren. Sie stirbt 1857.
15. Juli 1856	Tochter Gisela wird geboren.
21. August 1858	Kronprinz Rudolf wird geboren.
Juli 1860	Elisabeth flieht aus Wien nach Possenhofen.
November 1860	Elisabeth reist nach Madeira.
April 1861	Elisabeths erste Begegnung mit der Insel Korfu.
April 1864	Erzherzog Maximilian wird zum Kaiser von Mexiko gekrönt.
3. Juli 1866	Österreich verliert die Schlacht bei Königgrätz im preußisch-österreichischen Krieg.
8. Juni 1867	Franz Joseph wird zum König von Ungarn gekrönt.
19. Juni 1867	Kaiser Maximilian von Mexiko wird hingerichtet.
22. April 1868	Erzherzogin Marie Valerie wird geboren.
27. Mai 1872	Franz Josephs Mutter, Erzherzogin Sophie, stirbt.
10. Mai 1881	Kronprinz Rudolf heiratet Stephanie von Belgien.
13. Juni 1886	König Ludwig II. von Bayern stirbt.
30. Januar 1889	Kronprinz Rudolf begeht in Mayerling Selbstmord.
18. Februar 1890	Gyula Andrássy stirbt an Krebs.
31. Juli 1890	Erzherzogin Marie Valerie heiratet Erzherzog Franz Salvator.
10. September 1898	Kaiserin Elisabeth wird in Genf ermordet.
21. November 1916	Kaiser Franz Joseph stirbt in Wien.

Literatur- und Quellennachweis

Bokelberg, Werner (Hg.):
Sisis Schönheitsalbum. Private Photographien aus dem Besitz der Kaiserin Elisabeth. Dortmund 1980.

Bourgoing, Jean de (Hg.):
Briefe Kaiser Franz Josephs an Katharina Schratt. Wien 1949.

Christomanos, Constantin:
Das Achilles-Schloß auf Corfu. Wien 1896.

Christomanos, Constantin:
Elisabeth de Bavière, Impératrice d´Autrice. Paris 1933.

Christomanos, Constantin:
Tagebuchblätter. Wien 1898.

Conte Corti, Egon Caesar:
Elisabeth, die seltsame Frau. Salzburg 1934.

Daimler, Renate (Hg.):
„Frei sollen die Frauen sein ...“, Gedanken der Kaiserin Elisabeth von Österreich. Wien 1998.

Dreyer, Aloys: Herzog Maximilian in Bayern. Der erlauchte Freund und Förderer des Zitherspiels und der Gebirgspoesie. München 1909.

Elisabeth, Königin von Ungarn. Erzsébet, a magyarok királynéja, Ausstellungskatalog. Eisenstadt 1991.

Hamann, Brigitte:
Elisabeth, Kaiserin wieder Willen. Wien 1982.

Hamann, Brigitte (Hg.):
Kaiserin Elisabeth. Das poetische Tagebuch. Wien 1984.

Hamann, Brigitte: Rudolf. Kronprinz und Rebell. Wien 1978.

Hamann, Brigitte/Hassmann, Elisabeth:
Elisabeth. Stationen ihres Lebens. Wien 1998.

Haslinger, Ingrid:
Tafeln mit Sisi. Wien 1998.

Herre, Franz:
Kaiser Franz Joseph von Österreich. Sein Leben – seine Zeit. Köln 1978.

Heyden-Rynsch, Verena von der (Hg.):
Elisabeth von Österreich. Tagebuchblätter von Constantin Christomanos. München 1983.

Holler, Gerd: Sophie. Wien 1993.

Holzschuh, Robert (Hg.):
Sisi, die letzte Griechin. Kaiserin Elisabeth auf Korfu. Aschaffenburg 1996.

Kielmannsegg, Mathilde Baronin:
Elisabeth. Wien 1902.

Larisch-Wallersee, Marie Gräfin:
Kaiserin Elisabeth und ich. Leipzig 1935.

Larisch-Wallersee, Marie Gräfin:
Meine Vergangenheit. Berlin 1916.

Maurer, Lutz:
Mein Zauberberg. Kaiserin Elisabeths Bergwanderungen zwischen Ischl und Aussee. Grundlsee 1998.

Mraz, Gerda/ Fischer-Westhauser, Ulla:
Elisabeth. Wunschbilder oder die Kunst der Retouche. Wien 1998.

Nostitz-Rieneck, Georg (Hg.):
Briefe Kaiser Franz Josephs an Kaiserin Elisabeth. 2 Bände. Wien, München 1966.

Schnürer, Franz (Hg.):
Briefe Kaiser Franz Josefs an seine Mutter 1838–1872. München 1930.

Sztáray, Irma Gräfin:
Aus den letzten Jahren der Kaiserin Elisabeth. Wien 1909.

Thiele, Johannes:
Elisabeth. Das Buch ihres Lebens. München 1996.

Tschudi, Clara:
Elisabeth. Kaiserin von Österreich und Königin von Ungarn. Leipzig 1901.

Vogel, Juliane:
Elisabeth von Österreich. Momente aus dem Leben einer Kunstfigur. Wien 1991.

Schnürer, Franz (Hg.):
Briefe Kaiser Franz Josefs an seine Mutter 1838–1872. München 1930.

Sztáray, Irma Gräfin:
Aus den letzten Jahren der Kaiserin Elisabeth. Wien 1909.

Thiele, Johannes:
Elisabeth. Das Buch ihres Lebens. München 1996.

Tschudi, Clara:
Elisabeth. Kaiserin von Österreich und Königin von Ungarn. Leipzig 1901.

Vogel, Juliane:
Elisabeth von Österreich. Momente aus dem Leben einer Kunstfigur. Wien 1991.

Personenregister

Kursiv gesetzte Ziffern verweisen auf Bildlegenden, geradestehende auf Erwähnungen im Fließtext.

Bildnachweis

Antiquariat Heinemann, Starnberg: S. 6 (o.M.), 25, 74, 75;
Dr. W. Bahnmüller, Geretsried-Gelting: S. 2/3, 6/7, 22/23, 30/31, 100/101, 114/115;
Austrian Archives/Christian Brandstätter, Wien: Einbandrückseite (5x), S. (6 u.l.), 6 (u.M.), 6 (u.r.), 6/7 (M.), 7 (o.M.), 7 (o.r.), 7 (u.l.), 7 (u.M.), 8/9, 10, 11 (o.r.), 11 (u.), 12, 13 (o.), 14/15, 16 (o.), 16 (u.), 17 (o.), 17 (u.), 21, 24, 28/29, 32 (o.), 32 (u.), 33 (o.), 33 (u.), 34, 35 (o.), 36, 38, 39, 42 (o.), 42 (u.), 44, 45 (o.), 49, 50, 51, 52/53, 54, 55 (o.), 55 (u.), 56, 57, 58, 59, 61, 62, 65, 70/71, 72, 73, 77, 81, 82, 83, 84, 85 (u.), 89, 92 (u.), 93 (o.), 93 (u.), 94 (r.), 98, 99 (o.), 99 (u.), 103 (u.), 104, 105 (l.), 105 (r.), 107, 110, 111, 112/113, 116, 117, 118 (o.), 118 (u.), 119 (o.), 119 (u.), 120, 121, 122;
Austrian Archives/Gerhard Trumler, Wien: Einbandrückseite (u.l.), S. 5 (o.r.), 6 (o.r.), 29 (r.), 40/41, 43, 46 (o.), 46 (u.), 60 (u.), 88 (o.), 88 (u.);
Austrian Archives/Helmut Nemec, Wien: 13 (u.), 123;
Austrian Archives/Wilfried Vas, Wien: S. 18/19, 20;
Bildarchiv der Österreichischen Nationalbibliothek, Wien: S. 7 (u.r.), 26, 27 (l.), 27 (r.), 35 (u.), 45 (u.), 48, 68, 69, 85 (o.), 87, 92 (o.), 94 (l.), 96, 102, 103 (o.), 106;
Haus-, Hof- und Staatsarchiv, Wien: S. 63;
Kunsthistorisches Museum, Wien: S. 1;
Sammlungen des Mobiliendepots, Wien: S. 64, 95;
WeinStadtMuseum, Krems: S.5;
Janos Kalmar, Wien: Einbandvorderseite (Hintergrund);
Kriegsarchiv, Marinereferat, Wien: S. 109;
Kunsthistorisches Museum, Wien: Einbandvorderseite (Winterhalter-Gemälde), S. 11 (o.l.);
LOOK GmbH Bildagentur (Foto: Raach), München: S. 7 (o.l.), 78/79;
Oberösterreichisches Landesmuseum, Linz: S. 80;
Günter Spitzing, Hamburg: S. 90/91;
Stadtmuseum München: S. 6 (o.l.), 66/67.

Ortsregister

Kursiv gesetzte Ziffern verweisen auf Bildlegenden, geradestehende auf Erwähnungen im Fließtext.